用稻盛思想突破企业经营困境

李柏映◎著

中国经济出版社
CHINA ECONOMIC PUBLISHING HOUSE
·北京·

图书在版编目（CIP）数据

用稻盛思想突破企业经营困境 / 李柏映著. -- 北京：中国经济出版社，2022.8

ISBN 978-7-5136-7044-9

Ⅰ.①用… Ⅱ.①李… Ⅲ.①企业管理-研究-日本-现代 Ⅳ.①F279.313.3

中国版本图书馆 CIP 数据核字（2022）第 148163 号

策划编辑　海　毅
责任编辑　王　帅　高　鑫
责任印制　马小宾

出版发行　中国经济出版社
印 刷 者　北京富泰印刷有限责任公司
经 销 者　各地新华书店
开　　本　710mm×1000mm　1/16
印　　张　9.75
字　　数　104 千字
版　　次　2022 年 8 月第 1 版
印　　次　2022 年 8 月第 1 次
定　　价　58.00 元
广告经营许可证　京西工商广字第 8179 号

中国经济出版社 **网址** www.economyph.com **社址** 北京市东城区安定门外大街 58 号 **邮编** 100011
本版图书如存在印装质量问题，请与本社销售中心联系调换（联系电话：010-57512564）

序言

PREFACE

2020年席卷全球的新冠肺炎疫情使很多企业经历了莫大的考验，带给人们太多意外与挑战，多方数据显示，当时情况不容乐观。截至2021年12月，疫情几乎已经覆盖全球。疫情暴发对人类生命安全以及全球经济发展造成了重大影响，中国企业在疫情防控中同样遭受巨大挑战，很多生产经营活动受阻。其中，中小企业受疫情影响较为严重。

面对种种困境与灾难，企业终将一一战胜。正如习近平总书记所说："中国经济是一片大海，而不是一个小池塘。大海有风平浪静之时，也有风狂雨骤之时。狂风骤雨可以掀翻小池塘，但不能掀翻大海。"

目录

CONTENTS

第一章 如何应对经营困境

面对经营困境，我们该怎么办？

一个做事的人得勇敢、乐观、有胆识、有斗魂、有强烈的愿望和勤奋的精神，这才是化解问题的根本。

——稻盛和夫

在企业的经营过程中，比起应对困境的策略，更重要的是我们应对困境的心态！如果一个企业家心态没有调整好，即使拿到了最好的策略，恐怕也执行不了，因此，企业家的必胜信心更为重要！

有这么一个小故事：当年曼德拉乘坐飞机时遇到了气流，飞机剧烈抖动，人心惶惶。这时，曼德拉老人镇定地站起来说："大家好，我是曼德拉，请安静！"曼德拉在南非的威望非常高，很多人听到他的话就安静了下来。他说："请大家放心，我们乘坐的这架飞机是专机，有护航，一定会让大家平安到达目的地。"听老人这么说，乘客们的心都踏实了。飞机恢复了平衡，穿越云雾，顺利地到达了终点。随后，有人采访曼德拉先生，问道："当时飞机遇到气流时，您内心有没有紧张？"他说："其实我比所有人都紧张，可是那时候，如果我表现出紧张，会把问题变得更糟。作为这个飞机上唯一一位国家领袖，我最应该做的事就是镇定，唯有镇定的心态才能让我们走出困境。"

古人说："躁生百端，困出妄念，非止莫阻害之蔓焉。""躁"，是指急躁、暴躁、浮躁，这种心态会把问题放大；“生百端”，是指生是非，生出很多本来不会蔓延的东西；“困出妄念”，是指当人遇到困顿、困境、困难时，容易变得没有智慧，不能够理性思考，胡思乱想，想了很多看似有用、实则没用的方法，难以冷静下来。这时候怎么办？“非止莫阻害之蔓焉”，是指只有能够知止，冷静下来，才能阻止问题被无限地蔓延下去。问题已经出现了，我们首先想到的不应该是“如果没有那问题就好了”，而是要考虑“如何化解问题”。比如我是做酒店行业的，在这个困难时期没有顾客入住酒店，怎么办呢？遇到这个问题，我们要实事求是，勇于面对才能突破。如果我们只是慌乱地采取一些应急措施，这些措施很可能会让我们后悔不已。所以，在处理问题之前一定要调整好心态。

在稻盛和夫先生的《经营十二条》当中，有六条讲的是策略，而另外六条都在讲心态。

第一条，明确事业的目的和意义；

第二条，设立具体目标与员工共有；

第三条，要有渗透到潜意识的愿望（心态）；

第四条，付出不亚于任何人的努力（心态）；

第五条，销售最大化，经费最小化；

第六条，定价即经营；

第七条，经营者意志变成员工意志（心态）；

第八条，经营者要有燃烧的斗魂（心态）；

第九条，经营者须具备胆识，临事要有勇（心态）；

第十条，不断从事创造性工作；

第十一条，做生意要有利他之心；

第十二条，保持乐观向上的态度（心态）。

在这里，稻盛和夫先生反复叮嘱我们：一个做事的人要勇敢、乐观、有胆识、有斗魂、有强烈的愿望和勤奋的精神，这才是化解问题的根本。

把人困住的并不是事情本身，而是我们内在的意志力、内在的精神世界，它远远超过了策略。如果我们在面对困难时，心态调整不好，策略是执行不了的。策略是给冷静淡定、勇敢乐观的人准备的。没有哪一家企业是不经历风雨就能成长起来的。

做企业，起步时可能都是小白，不懂营销，不懂团队，不懂管理。我们难免也会有自己的盲点和不足，这时候就要交学费“学习”了。为什么进行这些“学习”呢？孟子说：“所以动心忍性，增益其所不能。”“动”，是指扰动、撼动你的心；“忍”，是指让你忍耐，忍耐你的脾气、你的禀性。扰动你的心，是指让你难以忍受，是为了帮助你改善过去工作中的不足。所以，困境的到来是一场考试，越是在困境时期，我们越需要去好好看一看，我们现在到底有哪些不足。为什么有的企业能渡过难关，有的企业无法渡过？困境能为我们带来什么？恩格斯说：“没有哪一次巨大的历史灾难，不是以历史的进步为补偿的。”当经历这样一场困境之后，我们一定会获得进步。而谁能够获得真正的进步，要看当下谁做好充足的准备了。

我在朋友圈里发了这样一段话：多年以后，当我们回首 2020 年时，有的朋友还沉浸在痛苦中，说那一年毁了我的所有；而有的朋友会激动地说，正是 2020 磨炼了我、激励了我，才使我拥有今天这番成就。我们要看到困难带给我们的真实机遇。同样做企业，为什么有人临事有勇、沉着冷静，而有人却愁眉不展、进退无计呢？为什么有人在积极地找办法、寻突破，而有人却在借酒消愁呢？心态很重要！

如何以最好的心态应对当下的经营困境？

我们人生的意义是什么？人生的目的在哪里？对于这个人生最基本的问题，我认为必须从正面回答。我的答案是：提升心性，磨炼灵魂。

——稻盛和夫

如何用最好的心态陪伴我们度过“寒冬”，这是我们要思考的。这些问题不是靠心灵鸡汤就能解决的，而是靠转变我们的思维方式来解决。如何转变思维方式？我郑重推荐稻盛和夫先生的《活法》一书，书中就有答案。经营遇到困境，一定要看《活法》。有的朋友说：“老师，你说有答案，可是我没看出来。平时觉得这本书的内容对我有很多帮助，可是一遇到困难，我就不知所措了，内心很焦躁。这本书没有告诉我怎么找回资本，也没有告诉我怎么把货销售出去，上来就说活法，说人生意义，这些能帮我解决现实困难吗？”我回答：“真能。”

我 2008 年读了《活法》，2013 年加入盛和塾，2014 年立志办学校，2016 年建成学校，在这两年的筹备中我吃了很多苦。我为什么能坚持下来呢？就是因为我学了稻盛思想，知道这背后的原因，能看明白，所以我以苦为乐、乐在其中。2016 年，我在一片怀疑声中把学校办起来了，过程中，很多启发和帮助就来自《活法》这本书。后来，我还专门在盛和塾和塾生朋友分享了《活法》大义。

稻盛和夫先生是一位企业家，一生致力于用企业为社会做贡献，他写的第一本书叫《活法》。《活法》序言的第一节为“混乱的时代中追问人生的意义”，开篇就将转变思维方式的钥匙交给了我们。在开篇中他说：“我们生活在一个不安宁的时代，世道混迷，看不清前途。物质是富裕的，精神却很空虚；衣食是丰足的，礼义却很欠缺；行动是自由的，感觉却很闭塞；只要肯努力，什么都能得到，什么都能做成，但人们却消极悲观，有人甚至犯罪或搞出丑闻。一种压抑的气氛弥漫于整个社会，这是为什么？因为许多人找不到人生的意义和价值，迷失了人生的方向。”这段话的描述和我们今天的很多企业十分相似，但这段话又不易理解。

“老师，你误解我们了，我们没有那么消极悲观，但内心确实有些压抑，我们压抑不是因为找不到人生的意义和价值，是因为销售遇阻、员工流动、供应商抱怨、供货不及时……是遇到现实困难了，我们最需要解决的是现实困难，给我们讲课时能不能从困难讲起？《活法》里讲的人生意义是不是离现实太遥远了呢？”有朋友这么问。其实，我为企业服务了很多年，也在反复思考，一堂课该从哪里讲起。想来想去，还是要从《活法》的开篇说起，从这里开始，我们一定会找到答案，因为我是经历者，也是见证者。

稻盛和夫先生在书中说：“我们人生的意义是什么？人生的目的在哪里？对于这个人生最基本的问题，我认为必须从正面回答。我的答案是：提升心性，磨炼灵魂。”这句话怎么理解？对我们有什么帮助？

我们很多人做企业首先想到的是盈利、成功，有这种想法很正常。为什么稻盛和夫先生却认为人生的意义是提高心性，磨炼灵魂呢？为什么出现两种答案？两种完全不同的人生选择，会形成两种完全不同的应对困境的心态！

我们在困境面前，之所以调整不好心态，不是因为困境本身，而是内心对于人生的意义没有梳理清楚。如果我们做企业只为成功，会迅速落入患得患失的状态，而这种状态会严重阻碍我们的智慧开发，阻碍我们寻找策略。什么叫患得患失？简单说，“患得”就是我想成功，“患失”就是我怕失败。我们每一天都在想这两件事，这两个事在不停地折磨我们，使我们根本没有心思去思考我们该怎么突围。为什么会患得患失？因为我们在设定原始目标时，把目标定在了成功上，而不是稻盛和夫先生说的提高心性上。

难道我们真的不应该在乎结果吗？关注结果不才是正确的吗？下面我们举例来思考这个问题。首先看一些名字：张謇、周学熙、盛宣怀、卢作孚、陈启沅、方举赞、孙英德、李福明、范旭东和荣宗敬、荣德生兄弟。这些名字我们能知道两三个已经很不错了。他们是清末民初中国最早的一批民族企业家，为我们今天中国企业界的发展立下了汗马功劳，我们应该向他们致敬！如此赫赫有名的一代企业家，尤其前两位人物，号称“南张北周”，各占当时业界的半壁江山，可至今后人依然记不住。从历史看，他们和我们一样，经历过很多艰难险阻。卢作孚是做民生航运的，在抗日期间为了能顺利把物资调往后方，他将物资从长江调到武汉和重庆，最终导致公司破产，为国散尽家财。他也是大教育家，为中国人民做出了很大的贡献。后人或许记得，或许不记得。我们跟他们比，眼前这点东西真的很重要吗？就像歌中唱的——“只不过是从头再来”。

我们再看这些企业：华润集团、欧亚集团、农凯集团、冠生园集团、科利华公司、德隆集团、超同公司、科键集团……这里有几家公司曾经都排在各行业第一位，现在却很少有人能记得了。

每个人的事业都是起起伏伏的。过去是这样，现在也是这样。中国古代《止学》一书讲道，“利无尽处，命有尽时”“不怠可焉。利无独据，运有兴衰，存畏警焉”。“命有尽时”“运有兴衰”，这就是现实。作为一个睿智的企业家，应站在历史的角度看当代，这会使我们内心变得非常平和。当我们明白企业有发展，也会遇到困境，企业有兴盛，也会有衰败，进退是常态时，我们内心就不会那么紧张了。没有永远不失败、永远成功的企业，我们需要接受这一点。

“万里长城今犹在，不见当年秦始皇。”中国近代企业家中能够给后人留下深刻印象的就那么几个人。陈嘉庚，他的名字是因为厦门大学留下来的；田家炳，是因为在全国建了很多所田家炳学校，后人才记住的。其他很多企业家大家都记不住了，这是正常现象。其实也没什么，我们不可贪恋名利，也不可执着，你越执着对你伤害越重，你内心放下了就没事儿了。稻盛和夫先生做了两家500强企业后就出家了，很洒脱，拿得起，放得下。而我们呢？其实并非困境给我们带来痛苦，而是内心的执着给我们带来痛苦，我们要把这个事儿看明白。更何况在影响结果的所有因素中，我们只是因素之一。全局不是靠我们这一个因素就能斡旋的，只是我们这个因素比较重要而已，这么想我们也就释然了，我们就能坦然接受人世间的这些兴衰、起落、变化，心也就很平和了。

再回头看稻盛和夫先生这句话——“人生的意义是提升心性，磨炼灵魂”。稻盛和夫先生没有说成功，没有说要做500强企业，也没有说如果做不到500强企业，你们都是失败的。他只说要把人生的方向定在提升心性上。他写的第一本书《活法》，开篇就追问了人生意义，已定准了基调和方向。只有了解这些，才能更好地跟稻盛和夫先生学哲学和实学；如果这些看不懂，后面的内容就把握不准，就会很痛苦。

人之所以痛苦，是因为追求了错误的东西。我们不了解什么是错误的，也就不知道什么是正确的。多数人通常会说，大家都这样做。可多数人都在做的就一定正确吗？我们要如何寻找正确呢？看看那些前辈是怎么走过的，他们为什么这么快乐，他们一生经历了那么多波折，为什么依然长寿、依然健康、依然为后人所敬仰。我们中国的企业家不仅要有故事，还要有信仰；不仅要有奋斗，还要有欢喜。我们经历了这么多，能不能转成我们的欢喜？

方向决定心态

在波澜壮阔的一生中，我们在遭遇和应对各种境况的过程中不断提升心性，磨炼自己的人格，这才是人生的目的。

——稻盛和夫

我们把人生方向定为提升心性，这个方向能起到决定心态的作用。如果人生追求以提升心性为目标，那么世界上什么事最能提升心性呢?《易经》有言:“困者，德之辨也。”坚持做正确的事情，无论顺境逆境。逆境、困境才是心性快速提升的机会。那些追求“提升心性”的人们，在面对困境时会说:“哦，我的机会来了，这次我将好好地提升自己的心性。”

经历了2020年那段严重的疫情时期，我相信我当时的心性已提升、历练得超越了过去3年的状态。所以，当时我就下定决心要做好充分的准备，锻炼好身体，调整好心态，准备好书籍，带领好团队，我要打好接下来的攻坚战。2020年，对我来说是与众不同的一年，这一年给我带来了困境中的机遇，因为我知道困境就是提升心性最好的时机。所以把目标定在提升心性上，我们就能很清晰地明白:困境是一次难得的机会。

有的人遇到困境，怎么就没有提升心性呢?还是前面那句话:你做的是正确的事情吗?如果你做的是错误的事情，无论顺逆境都不能提升心性。比如说有一个小偷，偷电动车，偷了很多次，然后被抓进监狱，抓进去，放出来，再抓进去，再放出来，每次都是困境，在监狱待了很多年，他提升了吗？没有，他在磨损心性。为什么？因为他做的是错误的事情，不是正确的事情。

提升心性有两个前提

仅凭一人之力，不管如何努力，只可能照亮一个角落。没有人是万能的。如果所有人都能照亮自己所在的那个角落，能够立足自我为他人奉献。那么，这无数盏灯就必然能够照亮整个天下。

——稻盛和夫

提升心性的前提是：第一，你所做的事情是正确的；第二，你正在经历困境。如果你能度过这个困境，先不说成不成功，至少你的心性一定提升了。

有朋友说："老师，你说的这个还是有点玄，我就想成功，不行吗？"我回答："可以呀！你心性都提升了，明年再做市场，你想想你有多厉害呀！你有多勇敢、多坚强！你为你今后的事业又重新做了准备。"反过来说，提升心性是我们未来成功的关键要素，如果我们能够提升心性，将来我们一定能够成功。可是如果我们只执着于成功，我们未必能提升心性，也未必能成功。只要坚持正确的事情，无论顺境逆境你都能提升自己。

企业家做什么事情能提升心性？很简单，做让员工幸福的事情，这就是最重要的事情，最正确的事情。

我们这时需要一种动力，需要一种激情，需要一种力量。在困境当中，希望在哪里？在员工的幸福里。

有一位四川的企业家遇到了问题：感觉自己总是没有动力，全是忧愁。我对他说："你不要待在家里，出去走访员工，当你看到那些失业的员工，看到那些正在读高三、初三的员工子女，看到那些急需养老的员工父母，你再想想如果员工离开你，他们怎么生活。你们是命运共同体，他们要靠你来引领和帮助，相信见到他们的一瞬间你就能找到力量了。”树不离大地，企业家不离员工。员工就是我们动力的源泉。当为了员工幸福而战的时候，我们就真正找到了正确事情的起点和努力奋斗的方向。

当年共产党为什么而战？为的是百姓的解放事业，这样的奋斗目标使他们精神抖擞、充满力量，这就是最正确的事情。稻盛和夫先生 78 岁高龄，出山拯救日航时说了这样一段话：“为了重建日本经济，为了保留住日航员工的就业岗位，为了日本国民，我鞭策这把老骨头不拿一分钱报酬，全力以赴。”日航不是他的企业，他也不要一分报酬，78 岁的老先生都能挺身而出，为了重建日本经济而全力以赴。我们才 38 岁、48 岁、58 岁……为了重建祖国经济，为了保住我们企业员工的就业岗位，为了我们的同胞，我们要鞭策自己全力以赴。这就是我们真正要向稻盛和夫先生学习的。

稻盛和夫先生 78 岁高龄还要提升心性，磨炼灵魂，我们怎么敢谈困难？我和大家分享几个盛和塾的故事。

第一个故事，沈阳盛和塾的理事长的故事。一次，她驱车 300 千米来到太阳谷华夏学校，和我交流她的想法并寻求我的建议。她临走时对我说：老师，我明白了一个道理，我要把沈阳 400 名塾生的企业装在自己心里，这样我就拥有了强大的动力，而策略、方法有千万条，我会不停地去想、去寻找，相信一定会找到的。”我送给她一句话，当年毛主席说过的话——“万家忧乐总关心”。

如果能够做到“塾生忧乐总关心，员工忧乐总关心”，我们就是真正明白稻盛思想了。

第二个故事，宁波盛和塾理事长张忠良先生的故事。一天，张忠良理事长打来电话，我们聊了很多。那时华夏学校正在建新校舍，资金压力很大，我正在提高心性、磨炼灵魂，他也一样。我们互相鼓励，互相取暖。他说：“显峰老师，你放心，我将为全体人民的幸福，奉献我的余生！企业的几千名员工我会装在心里，虽然企业已经上市了，但是我将带领更多的人往前冲。我精力还很充沛，我要学习稻盛塾长这种敬业精神，我要做一个像塾长这样的人。”他谦卑好学，他在盛和塾世界大会作报告时说过这样一段话：“稻盛和夫先生告诉我们，人生唯一的目的在于提升心性、磨炼灵魂。换句话说，就是要为社会、为世人做贡献。稻盛和夫先生一辈子就是这么做的。对我来说，首先要做的就是追求企业4300名员工的幸福，在2013年4月1日的干部会议上，我第一次清晰地表达了我们企业的经营目的就是要追求全体员工的幸福。”听到这些，我很激动，送给他清代名臣徐士林的一句诗——“乾坤岂是无情物，民社还依至性人”。“乾坤”是天地。天地对我们不是无情的，是慈悲的，不会舍弃我们。“民社”就是民族和社稷。国家、民族、江山社稷还要靠这些企业家，靠大家这些至性人。什么是至性人？就是内心善良、勇于担当、有真性情、想着员工幸福的人。正是有了这些可爱的企业家，才有了千家万户的温暖和幸福！所以，我看到这些企业家们，内心充满了敬意。民社还要靠大家！

第三个故事，长春盛和塾副理事长吴文霞的故事。吴文霞不仅在长春盛和塾担任副理事长，还是松原盛和塾的发起人，同时她还经营着一家母婴企业，名字叫至优宝贝。她从2016年开始学习稻盛哲学，几年之后，明白了为什么要经营企业，明白了企业使命的重要性。2020年疫情防控期间，她的企业发展得很顺利，所有门店正常营业，并且所有员工的家属自动发起组建助力团送货上门。2020年3月，她的企业组建线上团队，线上运营快速进入高效状态。4月启动了“不降薪、不裁员，全员营销，向市场要效益”的百日计划。这些行动让企业效益在疫情中逆势增长，增长速度创历年新高。她自己充满感慨，同时也非常感谢稻盛哲学、传统文化以及所有的员工。她说：“我觉得活着就要感谢，就应该把全部的爱拿出来分享，就应该无私无我地奉献。现在的我们是为使命而战，为我们全体伙伴的安心幸福而战，为我们所有伙伴能找到工作的目的和意义、让他们受到世人的尊敬和信赖而战。只有我们身心和谐，才能取得这场战役的胜利，才能有所收获，才能受益于困境。”“受益于困境”——她把困境当作考验，当作一个成长、磨炼心性的机会。

我见过很多这样的企业家，经过在稻盛哲学多年的学习，每当企业遇到困境时，他们总是把它当成一次磨炼的机会，每次突破困境之后就有一次大的飞跃。这才是真正的学稻盛、用稻盛、悟稻盛、行稻盛、证稻盛。在此，送给他们一句话，也是稻盛和夫先生经常说的一句话——“照亮一隅是国宝”。

稻盛和夫先生说：“仅凭一人之力，不管如何努力，只可能照亮一个角落。没有人是万能的。如果所有人都能照亮自己所在的那个角落，能够立足自我为他人奉献。那么，这无数盏灯就必然能够照亮整个天下。”

作为企业家的您就是一盏灯，照亮企业的一盏灯！有您在，您的企业就不会黑暗；有您在，您的企业必然走向光明。

其实，突破困境的这一过程是很痛苦的，我们怎么看待这些痛苦呢？心理学家法兰克说：“活着就是要受苦，受苦是要找到受苦的意义。”我们还年富力强，我们不怕受苦，最关键的是找到受苦的意义，那我们就赚大了。俄国作家陀思妥耶夫斯基这样对自己说：“我只担心一件事，我怕我配不上自己所受的苦难。”受苦不怕，就怕不值得。如果我们受的苦能让我们提高心性，让我们变得更坚强、更睿智，人生有了更高的高度，思想有了更深的深度，那么这种受苦就是有意义的。难道2020年不是很值得的一年吗？说到这里，讲一个我身边好朋友的事儿。我的一个伙伴廖老师，目前在福建管理着一所和太阳谷华夏一样的学校。太阳谷华夏学校是我在2016年创办的，我觉得办学校对孩子们很好，在我的“怂恿”下，他也去办学校，找地、筹资。他本来生活挺好，是一个职业讲师，一年课时费蛮多的，后来跟我们一起学稻盛文化。文化事业缺钱了，廖老师就开始捐献，房子基本都捐献出来了。他不停地讲课、挣钱、捐款，感觉自己成长了很多。同时，他也特别开心，因为自己的内在福气和智慧也在大跨步地提升。后来他又决定办学校，其实当时我真为他捏一把汗。办，对孩子、对他心性成长有好处，但是很累人；不办，会耽误孩子。最后，他很坚定地说：“我要办。”我说：“那你就办吧，但你要注意，办学校的过程很折磨人，你肯定会遇到很多痛苦，但是经历这些痛苦以后，当你的学校建成的那天，当你的学校人才辈出的时候，一定是你特别欣慰的时候。这期间你会经历很多折磨，身体的折磨、心理的折磨，你能接受吗?”他说：“我能。”

我为什么这么说？因为我经历过。2016 年我办了学校，2017 年春天我就病倒了，四楼都上不去，后来经过中医调理才康复，但我的收获特别多、特别大。经过办学校，我对稻盛和夫的经营学有了更深的理解。所以我鼓励他：“这条路是你自己选择的，若你要把它当作一种成长，来磨炼心性，就办。若你觉得还不想接受这么大的磨炼，就再等一等。”他很有魄力，着手去干了。

其实，廖老师一直在痛苦中成长，每天百事缠身，晚上倒头就睡。因为他知道自己在成长，所以就活得很明白。我们每个人内心世界都要能拿得起放得下，“宽为限、紧用功”，“身要紧、心要松”，我们身体要很勤奋，内心也要很自在。在别人看来我是在忙事业，在渡难关，在突破困境，实则我在磨炼心性、在成长，这不仅仅是一个简单的克服困难的过程。

一代人的安逸、迷茫、短视会毁掉下一代人的前途；一代人的奉献、担当、远见会托起下一代人的未来。自从廖老师把安逸放下，把担当拿起，就走上了痛苦的成长道路。

欧阳修在《新五代史·伶官传序》中讲过这样一句话：“忧劳可以兴国，逸豫可以亡身。”这句话告诫我们：忧患、劳碌可以让国家兴起；放逸和胆怯则会亡身。亡身并不是死亡，是让你失去存在的意义和价值，迷失人生的方向。就像许多企业虽然已经上市了，却找不到方向。“忧劳不仅可以兴国，也可以磨炼心性”，这才是有智慧的人做事情的思维方式。成长的过程是痛苦的，克服困难的过程也是痛苦的。当你穿越这种痛苦，你会发现，喜悦、平和、宁静、智慧会融入你的内在，与你相伴。人生最大的快乐就是成长，而真正的成长必定是与痛苦相伴的。只有在经历这些事情之后，你对生命的感悟才是真实的。

我学习稻盛哲学和传统文化很多年，2020 年我也出来给企业家讲课、为企业家服务。我建学校，其实和企业家们经历的痛苦和煎熬是一样的。有人问我为什么要出来？很简单，我学习传统文化有一个最大的追求，就是希望有一天当我看《论语》《道德经》时，当我看稻盛和夫的书时，不再觉得那么陌生。我深深地知道什么能让我靠近这些圣贤的思想，就是那些让我内心煎熬的经历。我每经历过一年、三年、五年，就会对这些典籍理解得更深刻、更透彻，因为圣贤就是这么走过来的。

如果我们一直守着安逸的生活，就永远理解不了前人是怎么思考人生的，是怎么传承商道的。所以，真正的内在成长，一定是在经历一次又一次折磨、动荡，在一次次忍耐、磨砺中获得的，就像钢砂不经钢炉是无法锻造成钢的。我们今天的磨炼必然带来明天我们想要的人生。

稻盛和夫先生说："人生不如意之事十有八九，有时我们甚至怨恨神佛，为什么只让我经历那么多的苦难？但正是这些苦难才能磨炼我们的灵魂，提升我们的人格。把苦难看作考验、看作机会，我们需要这样来思考问题。能够把考验看作机会的人——只有这样的人，才能在有限的人生中让自己的生命绽放光彩！"

新的征程在前方，我们应调整心态，抓住机遇，阔步向前！

下面补充回答一个朋友提出的问题：

问：显峰老师您好，我是襄阳盛和塾的塾生，有个问题想请您解答，稻盛和夫先生所说的“人生的意义在于提高心性、磨炼灵魂”，我始终想不太明白，请您再详细说说，为什么人生的意义是提高心性、磨炼灵魂？

答：为什么说人生的意义是提高心性、磨炼灵魂？我们这一生，无论怎样努力奋斗，总是有顺有逆、有成有败。不管我们是否愿意面对，事业总是会发生变化的，我们也终将老去，终将退休，把它传承给我们的后人，这就是现实。

所以，在事业的变化中，我们必须思考一个问题：我们要给后人留下什么？给自己留下什么？有人说留下财富，那么请问：你给后人留下的财富能够维持多少年？曾国藩的外孙，晚清的一位民营企业家，他写过一本书叫《保富法》，他在书中做了一个统计，晚清时期，当年的富贵人家几十年以后能够保住富贵的家族不到5%。美国也做过这样的一个统计，他们发现，富贵人家到了第三代能保住富贵的家族不到12%，这就是现实。

所以，留财给后人，这个路是走不通的，而且对后人还是一种耽误。我们晚年要的仅是财富吗？什么让我们晚年更幸福？是财富还是内在的欢喜？在这个问题上，很多人做过缜密的、深刻的、反复的对比思考，最终发现，带不走的是财富，能带走的是心性。

有一个朋友说过这样的话，他说：“未来事，不管有没有，姑且先信之，如果真有的话，你准备好了吗？”他还说：“你想过没有，为什么人出生的时候，差别就如此之大？难道都是偶然的吗？”这些话对我是一个警醒，也让我产生很多思考。如果生命是生生世世的话，是什么在一直陪伴着我们？肯定不是财富，而是心性。我想，稻盛和夫先生一再提醒我们提高心性，告诉我们要抓住生命的重点，要抓住关键时刻能帮到我们的东西，就是他对我们的一个殷切叮嘱。

我们要给后人留下什么呢？不是留财富，而是留下创造财富的智慧，因为“授人以鱼，不如授之以渔”。我们给自己留下什么？心性！我们的心性怎么提升？在为员工谋幸福当中提升，在为国家谋富强中提升。心性提升的方法是没有国界的。稻盛和夫先生说：“现世就是人类得以用来提升心性的期间，用来锻炼、修养灵魂的场所。或者说，企业就是你用来提升心性的一个道场。”生命走到晚年时，我们的成绩单不是财富，而是心性。心性才是我们一生真正的成绩单。

我们为什么学稻盛，要学他做500强企业吗？不能说我们没有可能，但是，如果没有做成500强企业，我们就输了吗？我觉得不是。因为稻盛和夫先生并不是让我们必须像他一样做成500强企业，而是告诉我们每一位企业家，如果你这一生在做事业当中，能够提升心性、磨炼灵魂，这就做对了，这就算交了一份满意的答卷。像我在办教育、为企业家服务，可能这一生我都无法达到像稻盛和夫先生这样的高度，但我的心性已经提升了，我每一年都比上一年过得好，每一年都比上一年成长了很多，这就足够了。当我们以提高心性为人生最高追求时，我们遇到困难还会害怕吗？我们会静下来问问自己，我们到底要的是什么。如果我们放下对外在的那些追求，内心会变得无比坚定。

在此，我给大家提一个建议，将自己的所有财产，留足家人用的，剩下的资产就放手一搏，用来提高心性。万一提高心性以后，这一年却输掉了，怎么办？那就从头再来。市场不会永远这么萧条，当市场复苏时，你已经拥有了好心性，这时你再带领员工、服务客户，一切都会奔你而来。你有了心性，就有了真正的本钱。如果你在这个过程中心性大失，即使市场复苏了，你还是没有机会，就白白错过了这一年。

当我们能够以终为始时，就可以不负今生。想想终点，我们要什么？心性，因为其他什么都带不走。那么从现在开始我们就奔“心性”而去。提高心性不是一天的事儿，需要很多天，也不是一年的事儿，需要很多年。我们过去已经错过很多年了，现在不能再耽误了。怎么提高心性？像前人说的：做正确的事情，不管顺逆！

如果我们坚持不断地按照“提高心性、磨炼灵魂”去做事，那么无论产业规模大与小，事情成与败，我们都已经赢了，我们是心性的赢家，我们将来会是一个睿智的老人。陈嘉庚创办厦门大学时，几乎用尽了全部身家；田家炳捐资中国教育事业，用尽了所有的财富；卢作孚支持抗日，民生航运就此破产。可是他们内心是充实的，他们觉得做了自己该做的事情，了无遗憾！可是，历史上也有很多守着巨大财富的人到最后却“进不得，退不得”，儿女争财；因财富来路不对，突然崩塌的例子也很多。想想，这又何必呢？若我们把这些事情看破了、放下了，那该多好啊！因为只有放下了才能更好地拿起来。

真正做大事的人，他只问该不该做，不问能不能成。因为前行的路上是否会成功，谁都算不出来。既然这个事该做，那就要做，那是我们的责任。我们已经做了董事长，就要担起这份责任，不能当逃兵。我们已经做了企业家，就要担起社会的责任，保就业、保税收、保财富、保民生，这是我们必保的东西。既然这些责任本来就是我们的，我们就要把这个担子担起来，这叫德配其位；如果我们逃跑了，就是德不配位，自己内心都会不安。

很多朋友问我："李老师，你这么忙，为什么还要在网上给大家讲课。"我说："我只求一个心安。如果我不站出来讲课，我内心难安，至于我讲得对不对、好不好，团队在网络操作方面技术如何，相信大家都不会太在意或是怪罪我们的。但若不站出来讲，我觉得很愧对服务了这么多年的企业家朋友们，关键时刻不伸手，够朋友吗？学稻盛这么多年了，不出来弘扬，对吗？"在解决中国企业经营困境的问题时，稻盛哲学就是一把利剑，很实用。

无论何时，不管成败，我们都要放手一搏，我们搏的是人格，是我们的内心世界，我们不要太在意别人的眼光，我们内心能说服自己就足够了。哪怕到最后，企业还是亏损，还是不能扭亏为盈，那就给员工鞠个躬，说一声"你们的董事长尽力了，问心无愧"。我当年出来做教育时，就在想，如果我的女儿长大后问我："爸爸，当我在接受教育，中国教育又是最困难的时候，你们那代人在做什么？"我可以自豪地说："你的爸爸当年没有藏一分力气。"所以，我们宁可今天累得满头汗水，也不要让明天流下悔恨的泪水。

沧海横流，方显英雄本色。稻盛和夫先生 78 岁能拯救日航，我们还不能拯救自己的企业吗？路是人走出来的，方法一定会有，更何况我们还有这么多的支持和帮助，我们有盛和塾、有稻盛哲学、有传统文化、有国家。调整心态，定住方向，方法自然而然就来了，我们内心就可以不再恐惧，勇敢向前，一生心无畏惧，一生无愧对之人，一生对得起国家。当有一天我们退休时，再回看我们做企业这几十年的风风雨雨，没有一丝懊悔，我们做了自己该做的，不管能力大小、智慧多少、财富多少，我们已经尽心尽力了。我们不争不比，内心平和，坦然面对。

稻盛和夫先生叮嘱我们："尽管人在世间尝遍酸甜苦辣，历经幸与不幸交织起伏的人生，在撒手人寰之前，还是得努力不懈地活下去，这整个过程就像磨刀，让我们提升心性、修养精神，带着比出生时更高层次的灵魂离开人世。如果你问我，这一生所为何来？我会毫不犹豫，也不带一点骄傲地回答，我是为了做一个比降临人世之初更好的人而来。换句话说，哪怕只比原本好一点点也无妨。我就是为了带着那净化过的崇高灵魂，离开人世而来的。"

当我们遇到困难时，请拿起稻盛和夫先生的书；当遇到困顿时，请想起先生的这些话。找来三五位好友，一起聊聊，一起分析，相信我们就会重新找到当初的勇气和创业的干劲，重新拾回我们最初的梦想！

第二章

逆境中的信心源自哪里

信心来自对历史的观察

每一次萧条过后，京瓷的规模都会扩大一圈两圈。从这个经验当中我得出，应当把萧条当作成长机会这样一个结论。

——稻盛和夫

面对困难与逆境，中国企业家的信心怎么树立？在逆境中为什么有的企业有信心，而有的企业没有信心，其根本原因是什么？我大致总结了三条：一是对历史的观察；二是对现实的担当；三是对未来的谋略。

历史就是前人的经验，“以史为鉴可以知兴替”。稻盛和夫先生曾经说过：“每一次萧条过后，京瓷的规模都会扩大一圈两圈。从这个经验当中我得出，应当把萧条当作成长机会这样一个结论。”这就是对历史的观察，萧条未必都是单纯的困难，对很多企业来说，也是成长的机会。2020 年疫情到来时，整个经济的止步滑坡对于企业到底是不是机会？从表面看它好像不是机会，可从历史经验看，真的有很多企业把困境变成了机会！

人类经历这种苦难不止一次。建议大家读一读《苦难辉煌》一书，作者是金一南将军，该书讲述了近代以来，我们的党、我们的红军战士、我们的解放军战士是怎么一步步从苦难走向辉煌的。苦难中有辉煌，辉煌从苦难中来，这带给我们很多启迪。纵观历史，先辈们所经历的苦难比我们大得多、难得多、苦得多，我们经历的仅仅是一个小困难而已。他们能在苦难中获得辉煌，那么我们有没有可能在困难中获得飞跃？

建议大家多读读历史，尤其是中国从1840年到1949年这段历史，特别值得我们去回味，它会给我们带来很多思考。中国近代史就是一部苦难史，当时的人们所遭受的苦难远比今天的我们所遭受的苦难大得多。比如，《辛丑条约》是1901年清政府和英、法、美、德、俄、日、意、奥、西、比、荷等11国签订的不平等条约。根据条约规定，中国要赔偿4.5亿两白银，分30年还清本息，合计9.8亿两白银。划定北京东交民巷为使馆区，允许各国驻兵保护，不准中国人居住。清政府保证严禁人民参加反帝运动。清政府拆毁天津大沽口到北京沿线设防的炮台，允许列强派兵驻扎北京到山海关铁路沿线要地。该条约标志着整个清政府完全成了帝国主义统治中国的工具，中国从那一天起，彻底沦为半殖民地半封建社会，该段历史距今已经120多年了。当年那个被列强瓜分的中国，今天已经屹立在世界东方，成为世界第二大经济体。新冠肺炎疫情期间，中国不仅自己能够把疫情迅速地平息下来，还能够援助他国抗击疫情，这个历史进程太值得我们去思考了。多学历史，我们的信心就能够逐步树立起来，曾经苦难落后的中国都能走到今天，那现在的我们也可以在萧条中飞跃，要知道现在的条件比那时候不知要好多少倍！

再看日本。1945年日本战败后，通货膨胀率急剧上升，民众拿钱也买不到东西，生活用品配给严重不足。日本投降之后，汇率是300日元兑换1美元，多数日本人都陷入赤贫，深深地尝到了发动侵略战争的苦果。国内大多数工厂因为原料供应中断而停工，产量达不到正常需求的40%。日本天皇在后来的《终战诏书》中公开承认，若继续战争，势必造成民族之毁灭。那么，日本走出战后困境用了多少年？大约20年！到1968年左右，日本已经跃升为世界第二大经济体，到20世纪80年代成为世界最大的债权国。稻盛和夫先生是这段历史的亲历者，他的童年时期经历了日本的战败；他的青年时期经历了日本的萧条，并开始创业；他创业成功的时候，也正是日本经济崛起的时候，他完整地经历了日本从萧条到崛起的全过程。

观察历史会让我们充满信心。马克思曾说："如果斗争是在极顺利的成功机会的条件下才着手进行，那么创造世界历史未免就太容易了。"那些真正成功的企业、成功的事业、成功的国家，都不是一帆风顺的。换句话说，前途是光明的，道路是曲折的。

日本"经营之神"松下幸之助先生说过："没有努力到小便出血的程度，无法成为一流的经营者。"也就是说，你这一生如果没有经历一些艰难困苦，没有经历种种逆境，没有关键时刻纵身一跃，那么，你个人的成长、企业的成长很难跻身一流。"疾风知劲草，路遥知马力"，正是在困难当中，才能看出我们自己到底行不行。

一项事业最终走向成功还是失败，不是因为困境，也不是因为顺境，而是因为坚定的信心。刘邦打了很多败仗，但最终成功了；项羽打了很多胜仗，最终却失败了。晚清名臣曾国藩镇压太平天国，屡战屡败、屡败屡战，最终成功，历史上这种案例很多。

一般人做企业只看困难、看市场、看资金链这些眼前因素，但到底什么因素在影响企业成败呢？中国文化讲了两个最主要的要素：内在的发心和外在的时运。判断一件事未来的成败，首先看你做这件事时，内在有没有真实的发心。稻盛和夫先生创立 KDDI 前，用了 6 个月叩问自己的发心，因为他知道这个是关键。其次看外在的时运，是不是有一个大使命到来。如果我们读《易经》等中国传统文化书籍就会发现：未来一百多年，中国将迎来一个好的时运，企业会有很多机会，但也会遇到很多挑战。外在时运已来，你准备好了吗？如果时运与发心两个条件都具备了，企业步入正确发展轨道就不是一件难事儿了。

信心来自对现实的担当

真正的经营者，还必须具备胆识。所谓胆识是见识加胆力，或者说见识加勇气。因为具有灵魂深处坚定不移的信念，所以才会顶天立地无所畏惧。经营者只有具备这种胆识才敢于面对一切障碍，正确判断，坚决实施，摆正经营之舵，在逆境中勇往直前。

——稻盛和夫

信心是一种职业素养，面对困难的时候必须要有信心。要做一个称职的董事长，就得有信心！企业遇到困难时，大家就看董事长，当家人如果没有担当精神，团队是带不动的。古人说："大事难事看担当，逆境顺境看襟度。"平时看不出来，遇到大事难事了，就看谁有担当，谁愿扛，谁敢扛。通过顺境逆境，可以鉴定一个人的气度襟怀，即顺境是不是得意忘形，逆境会不会失意忘形。根据此就能知道一个人胸怀的大小。没有担当，怎么会有信心呢？

想让大家有信心，你要第一个有信心。"大家不要慌张，听我的没问题，这关能过去，我们机会到来了。"成为这样的董事长是我们职业化训练的目标。只要有你在的地方，员工就有信心，大家跟着你干就心安了，心安了做事就专注，团队凝聚力就有了。这样就不易出现企业内部自我崩塌、员工离职和流失的现象了。这是对企业当家人的一个专业要求。其实，企业内的很多问题往往是由于当家人自身不担当、缺乏信心，把问题放大了而造成的。董事长要做能够化解问题的人、能担当的人，而不是放过问题的人。

稻盛和夫先生引用《南洲翁遗训》的一句话作为箴言，时刻提醒自己——“行道者，顾逢困厄，立何等艰难之境，事之成否身之死生，无关也”（《南洲翁遗训》第二十九则）。行正道一定会遇到困难，无论立何等艰难之地，甚至死生，我的志向从来没有一点动摇过，这才是我们要追求的精神。有这种精神，员工就能够相信你，就能够追随你。

稻盛和夫先生继续说：“真正的经营者，还必须具备胆识。所谓胆识是见识加胆力，或者说见识加勇气。因为具有灵魂深处坚定不移的信念，所以才会顶天立地无所畏惧。经营者只有具备这种胆识才敢于面对一切障碍，正确判断、坚决实施，摆正经营之舵，在逆境中勇往直前。”这个胆识就是中国人说的“智、仁、勇”三大德，有仁还要有智，有智还要有勇。如果你自己本身胆识不够，困难就把你压倒了。举个例子，有一次一个非常擅长长途游泳的选手横渡英吉利海峡，那天大雾，他不停地游，但始终看不到对岸，最后精疲力竭，选择放弃，登上船后他发现自己离岸边只有一公里了。如果他能够再坚持一公里就到达目的地了，但他最后没有战胜自己，因胆识不足而输了。

习近平总书记讲过领导干部要有五种素质：“面对大是大非敢于亮剑；面对矛盾敢于迎难而上；面对危机敢于挺身而出；面对失误敢于承担责任；面对歪风邪气敢于坚决斗争。”这“五个敢于”也可以指导我们企业突破逆境。面对矛盾敢于迎难而上，我是当家人，我要解决，我要担当；面对危机敢于挺身而出，我是董事长，最难的活儿我来干，我来扛；控制成本，拓展市场，我来……有这种精气神儿才能把团队给带出来。作为一个企业的当家人，要看看这“五个敢于”我们具备了几条。

曾国藩说：“盘根错节，可以验我之才；波流风靡，可以验我之操；艰难险阻，可以验我之思；震撼折衡，可以验我之力；含垢忍辱，可以验我之节。”困难是对个人的检验：盘根错节局势复杂，检验我多年的积累够不够，我的能力才华能不能解开困局；波涛汹涌狂风肆虐，检验我的德操，看我能不能不忘初心、坚毅追求；艰难险阻波折重重，检验我思想对不对、思路有没有、谋略够不够；震荡摇撼挫折失衡，检验我的心力强不强、原动力足不足；含垢忍辱不讥不辩，检验我的节操、气度与胸怀。曾国藩为什么能够立德立功立言，晚年还为儿孙写了那么多家书？都是磨炼出来的。没有经历磨炼，很难获得对生命真实的感悟，信心对他来说已经不是一种伪装，而是一种战斗力、一种职业素养、一种本具的人格精神。

信心来自对未来的谋略

企业经营应该有真正的目的，这目的既不是圆技术者个人之梦，更不是肥经营者一己之富，而是对员工及其家属现在和未来负责。

——稻盛和夫

基于历史，观察未来，通过预判发现问题不大，不必担心，这种信心是一种理性的自信。

《周易》里讲：“君子安而不忘危，存而不忘亡，治而不忘乱，是以身安而国家可保也。”真正的君子安定的时候不忘记可能出现的危险，生存的时候不忘记可能灭亡，国家大治的时候不忘记可能出现的祸乱。所以，一直这样坚守不仅使本人身体健康，国家也得以保全。《周易》这部经典讲变化，告诉我们在变化中如何应对，大千世界有安有危、有亡有存、有治有乱，安危、存亡、治乱都不是永远的，是可以互相转化的。如果明白了安危之道、存亡之理、治乱之法，就能够处变不惊，从容应对。

曾国藩说：“人人料必胜者，中即伏败机；人人料必挫者，中即伏生机。”即使所有人认为这个事儿一定会胜，这里面也隐藏着失败的可能性；即使所有人都认为这个事儿一定会受挫，这中间也埋伏着勃勃的生机和希望。关键是在挫折中谁能看见希望，谁能把握住机遇。

《周易》中有四个卦象是专门讲如何面对困难的，像坎为水卦、水雷屯卦、水山蹇卦、泽水困卦，这四个卦讲的是四种不同的困难以及相应的解决方法。多看史书，多读经典，历史、经典会给你解决问题的答案，因为人类在历史的长河中经历了无数次的困难，早已为这些困难准备了很多应对措施。

人类四大文明古国，目前仅存的是中国。中国走到今天，经历了很多危机和艰难险阻。从应对危机来看，在世界各国中，中国的经验是最丰富的。中国的古人，尤其是古圣先贤，为人类如何度过危机，如何走向未来，留下了很多重要的典籍。这些传承下来的珍贵经验必将为中国乃至世界提供更多应对困境的方法及策略。

关于“信心”这部分内容我讲了三点：历史的观察、现实的担当和未来的谋略。如果这三条你都具备了，信心一定会建立起来。通过对历史的观察，你不再害怕；通过现实的担当，你建立信心；通过对未来的洞察，你不再担心。一切胸有成竹，运筹帷幄。

稻盛和夫先生看到很多企业在经营中经历了一次又一次的萧条，于是把自己的经验总结成一本书——《在萧条中飞跃的大智慧》。书中谈到了应对萧条的五项对策：一是全员营销；二是全力开发新产品；三是彻底削减成本；四是保持高生产率；五是构建好的人际关系。

其中，“全员营销”这一条，在很多企业中被普遍使用，尤其盛和塾企业。2020 年疫情危机中，盛和塾的塾生企业整体状况都很稳定，他们运用多年的文化积累和全员营销策略顺利地渡过了难关，而且很多企业还出现了逆势增长的良好势头。

企业在使用“全员营销”这个策略时，通常会遇到两个困难：一是员工不参与；二是销售没业绩。这时我们就要思考，为什么员工不愿意参与？为什么销售没有业绩？哪里出问题了？要从哪里解决？

做好全员营销，有六个方面需要处理好：一是大义名分；二是幸福计划；三是取信于民；四是营销策略；五是专业培训；六是精神激励。前三个方面是准备，后三个方面是实操。

1. 大义名分

如果想做全员营销，企业首先必须有大义名分。稻盛和夫先生在书中叮嘱：“为什么要办这个企业？这个企业存在的理由到底在哪里？必须要明确自己创办企业的目的及意义。有的人是为了赚钱才创业的，也有的人是为了养家糊口才创业的。这都是可以的，但是仅靠这些目的，要凝聚众多员工，齐心协力办企业，我认为是不够的。”这里说得很清楚了。“我为什么办这个企业？”好多人认为这个容易回答，挣钱、致富、过上幸福的生活……这些都对，可是这些没有达到大义名分的高度。如果我们干这个事业只是为了赚钱，只是为了养家糊口，用这样的理由能推动全员营销吗？

稻盛和夫先生很严肃地告诉我们：“要让全体员工拼命工作，大义名分是必不可少的。”反过来说，如果你的企业在推动全员营销时，员工没有拼命工作，参与度不高，那么你就要回看一下企业有没有大义名分。有人说：“有，我都挂墙上了。”请问你挂在墙上的是真这么想的吗？是发自内心的吗？这个事情是有因果关系的，要让全体员工拼命工作，尤其是在企业遇到困难时，全体员工拼命做营销，大义名分必不可少！

稻盛和夫先生所说的大义名分，重点指的是我们做企业的目的。先生说："企业经营应该有真正的目的，这目的既不是圆技术者个人之梦，更不是富经营者一己之财，而是对员工及其家属的现在和未来负责。"如果您的企业没有这样的大义名分，没有"对员工及其家属的现在和未来负责任"的大义名分，那就做不了全员营销。我们怎么对员工，员工就会怎么对我们。稻盛和夫先生在这个问题上有过深入思考，最后下定结论：企业经营的真正目的是对员工和家属的现在和未来负责。有了它，我们做全员营销才有了发动机；没有它，推不动，做不了。

稻盛和夫先生在创业时遇到过这种情况，当时，员工罢工、辞职，闹了几天，先生反复思考，最后想明白了。他说："这次纠纷教育了我，让我明白了经营的真正意义——经营者必须为员工物质和精神两方面的幸福殚精竭虑，倾尽全力，激发员工的共鸣。"这就是我们说的大义名分。不为员工的幸福殚精竭虑，员工是不会参与营销的。

孟子在讲君臣关系时说："君之视臣如手足，则臣视君如腹心；君之视臣如犬马，则臣视君如国人；君之视臣如土芥，则臣视君如寇仇。"就是说，我们当家人、董事长如果把员工当作自己的手足兄弟，那么员工就会和我们推心置腹、一条心；如果我们把员工只当作供我们驱使的犬马，员工就会把我们当成路人，打个招呼就走了；如果我们把员工当作脚下的土、杂草去踩，去践踏，员工就把我们当作仇人了。仇人能帮我们做全员营销吗？为什么企业 100 名员工只有六七个人参加全员营销？其他人在干什么？为什么他们视你“如国人”？因为我们平常把他们当作“犬马”了。你的企业有大义名分吗？大义名分是怎么立的？是你个人的野心、梦想，还是员工的幸福？大义名分不是一个口号，不是一个标榜，而是我们发自内心对员工未来的一种责任和担当。

海尔的纪录片《首席执行官》中有这样一段话，张瑞敏说：“每当我站在窗口，望着员工潮水般涌进工业园的时候，就感到一种沉重的责任。虽然我叫不出他们每一个人的名字，但我觉得几万双眼睛都在盯着我，希望我能给他们创造更好的生存环境和奋斗空间。为了不辜负这份信任，我不敢有丝毫的懈怠，17 年来，我就是这样和他们一起穿过一片又一片沙漠，走进一个又一个绿洲，从没有停过步，连回头欣赏一下自己脚印的时间都没有。”这是怎样的胸怀和境界！

我们学校有很多老师在学校附近住。有的还在这里买了房子，他们把老人接到了这边，他们的孩子有的在摇篮里，有的在幼儿园，有的已经在我们学校读书了。我走访了好多家庭，越走访内心觉得责任越重大。他们因为我来到这个小镇，因为我参与教育的创新改革，因为我在这里安家落户，并想在此工作一辈子。

我们建新校区的时候，有很多困难和压力，但是看到这些老师，我就知道这是我的事情、我的责任。我是他们的校长，我不承担谁承担呢？让他们颠沛流离吗？所以我要把学校办好，让每一个老师过上有尊严的生活，这就是我一个校长的责任！为这些老师们创造更好的生存空间，让他们专心于教育，专心于教研，用心把孩子们教好；让他们的内心没有牵挂、没有担忧，让他们把全部的心血和热情都用在孩子身上。而我要为他们遮风挡雨，这是我应尽的责任！我也是稻盛经营学的受益者，它教会我怎么做一个大家长，怎么做一个好校长。

如果没有大义名分，我们做不了全员营销，因为第一步就已经错了，我们心里没有员工，员工心里怎么会有我们呢？

2. 幸福计划

大义名分不能只写在墙上，要真正做出来、行出来，狠抓落实，做幸福计划。大连一个口腔连锁企业的老板大约是在 2014 年听过《总裁悟道》的课。我告诉他要做员工幸福计划，他是一个知行合一的人，听后马上就去做了。他和员工商量了 75 条幸福计划，写出来并立刻执行，结果不到 3 年，企业的业绩倍增。近两年，我听说这个企业已经成为当地最大的一个口腔连锁企业，并且准备到美国去发展。大义名分是我们的心愿，是一个思想，把它转化成幸福计划，就变成了一个可执行的制度方案。有了幸福计划，企业和员工就是命运共同体，老板和员工就是一家人了，如此才能打出一场场胜仗。

关于幸福计划，我曾经写过一本书叫《稻盛随笔》，在书中画过一个幸福计划的基本图——“三生”幸福图。“三生”是生存、生活、生命，分为六大模块。生存，包括员工的薪酬福利、工作环境；生活，包括人文关怀、制礼作乐；生命，包括员工的读书学习、公益道德等。这幅图比较简洁，按模块去行动，员工就会感到幸福了。生存、生活、生命是中国人完整的幸福观，当“三生”都具备的时候，人生就比较圆满了。一个企业如果想让员工幸福，在这“三生”上努力就好了。

有的企业说现在想做员工幸福计划，但是没钱。要知道，钱是挣出来的，我们先做幸福计划再去奋斗，用挣回来的钱执行这个计划就可以了。或者，我们没有大钱还有小钱，不能多做但可以少做。关键不在于钱多少，而在于我们有没有这个心。有这个心一定会有很多策略，没这个心一定就有很多借口。心骗人会骗一辈子，不能总是嘴上说说，我们要用心去爱员工，真心为员工着想才行。我所服务的这些企业，只要用心做员工幸福计划的，企业绩效都显著增长，有的甚至增长速度很快。当企业把员工幸福变成一个执行方案，当员工感受到企业的温暖时就会由衷地感谢自己的公司，并努力为之奋斗。

有了幸福计划，员工和企业就是命运共同体了，就像《孙子兵法》里说的——“上下同欲者胜”，此时就是“上下同欲”了，即为了共同的幸福。大义名分转成幸福计划，因幸福计划而“上下同欲”，就找到了胜利的关键，大家为了共同的幸福奋斗，每个人都全力以赴。所以，上下同心很重要！

《孙子兵法》讲：“视卒如婴儿，故可与之赴深溪；视卒如爱子，故可与之俱死。”把士兵当成自己怀中的婴儿，可以和他们赴汤蹈火，踏深溪，克困难；把士兵当成自己心爱的儿子，可以和他们一起出生入死。为什么有的员工在一家企业绩效、能力等都很强，但到了另一家企业就大变样呢？我们不能只看表面，要看企业的大义名分，要看企业当家人对待员工的态度。全员营销是对我们过去大义名分的一个检验：检验我们过去的大义名分是真还是假，对员工是真心还是假心，与员工是真的命运共同体还是假的命运共同体。如果是真的，遇到困难，员工就会冲上去；若不是，一定会有人看你热闹。

企业遭遇困境的时候，就是我们需要反思的时候，指责、抱怨都是没用的。有的企业还在说："今天不努力工作，明天努力找工作！"其实，这话早已过时了。所以，我们必须不断学习，要与时俱进，否则，人家说什么我们就听不懂了。别人管理企业，用《孙子兵法》，用《道德经》，而我们不学习就会跟不上，企业慢慢就落后了。这个企业为什么倒闭？应该倒闭。那个企业为什么崛起？应该崛起。这个企业为什么得到国家给关了？应该关掉。那个企业为什么得到国家扶持？应该扶持。这就叫"应该法则"。不要找理由，世间自有公道，也只有公道。

3. 取信于民

有了幸福计划我们就要执行，要去推进，要把人心聚住。为什么要取信于民？《论语》中记载："子贡问政。子曰：'足食，足兵，民信之矣。'子贡曰：'必不得已而去，于斯三者何先？'曰：'去兵。'子贡曰：'必不得已而去，于斯二者何先？'曰：'去食。'自古皆有死，民无信不立。"子贡问孔子："如何管理一个城市。"孔子说："粮食充足，兵力充足，百姓有信心，就可以了。"子贡又问："不得已，这三者必须去掉一条，先去哪一条？"孔子说："把部队先撤了。"子贡又说："不得已，这两个也得去一个，先去哪一条？"孔子说："把粮食去除。"最后，孔子总结说："自古以来，人都有一死，但是，民无信不立。"

我们对员工没有诚信，员工对我们也就没有信心，企业就立不住。所以我们不能欺骗员工，要取信于员工。这样，当企业需要员工的时候，员工也会奋力向前冲，业绩自然而然就上来了；有了业绩就要马上兑现，给员工看得见的幸福，让员工真正感受到这种幸福。不能仅把稻盛思想当作嘴皮子功夫，天天读、天天念、天天说，关键时候却不做，只有学以致用，才会有收获。

在《商业法则》课程中有这么一个问题：公司财务状况不稳定，处于入不敷出的状态，怎么办？大家可能说财务状况不好可以开源节流，加强财务管理。似乎很对，但这只是现象，不是问题的根本。根据“商业法则”，此问题的因在于吝啬，尤其是对那些过去帮助过我们的人吝啬。找到因以后，解决方案有三条：第一条，把我们获得的利润，多多分享给那些帮助我们创造利润的人，尤其在企业遇到困难的时候更要分享。第二条，哪怕只是一分一毫，绝对不取不义之财。第三条，切记，我们分享利润的多寡不是决定种子强度的因素，我们是否愿意分享才是关键，即使分享的数量不多。

一个企业的整个财务状况不好，表面看是营收问题、成本问题，往深层看则是企业当家人的问题。想解决问题就要打破吝啬，分利润给那些帮我们创造利润的人，不取不义之财，并且乐于分享。那么，帮助我们创造利润的人有哪些？有我们的员工、员工的家人、我们的顾客、我们的供应商，还有我们的国家。所以，不管企业遇到多大的困难，我们的心胸千万不要因为困难而变窄。企业出的问题根本上都是心的问题。如果我们的心能够打开，问题就能够解决；就怕困难把心伤害了、捆绑了、蹂躏了、压制了，这样我们想解决困难都没有出路。我们只有跟员工共享幸福、共享利润、共享企业财富，真正做到取信于员工，这样企业才能持续稳健发展。

4. 营销策略

做好以上准备后，就要开始着手营销策略了。不能让员工打一场没有把握的仗，这样会伤了士气。我们来看一幅图：

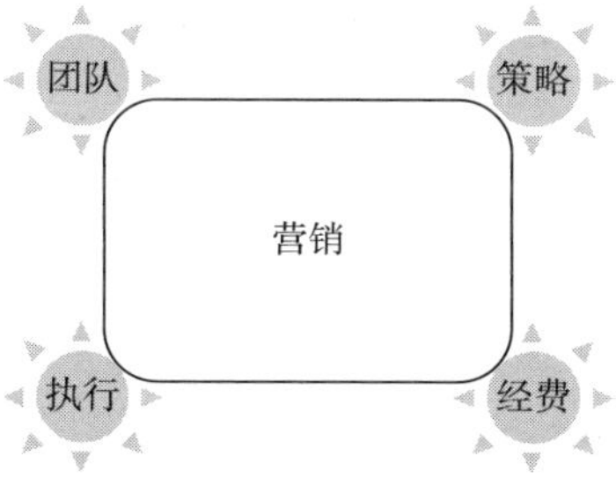

营销有四点内容非常重要：

第一，营销要有团队，要靠团队的力量。

第二，营销要有策略，线上保证成交率，线下保证回头客。

第三，要有资源支持，如经费、设备、必要的知识、交通等相关支持。

第四，坚定执行营销策略。

全员营销，重点是要抓“营销四点”中的第一点。借由人数的增量，在原有策略的基础上，实现营销的增量。

一个企业为什么要全员营销？当市场寒冷期到来时，需方的购买力下降，渠道变窄，供方肯定会受到影响，整体导致供需链条收缩。这时需要重新激活需方、增加渠道来实现供需新的平衡，实现整个销售量的增加。要拓宽整个渠道，重新打到顾客心里去，不重新调整策略是行不通的。

疫情期间，很多企业采用了线上直播的新策略，即增加了线上体验，这样就对顾客的消费心理做到了深入了解。重新调整销售技巧，做到与顾客有效沟通交流。这么做的原因是疫情期间顾客的消费心理发生了变化，大众消费和平时不一样了，在这种情况下，营销策略必须先做调整。同时，要拓宽渠道，由原来的一个渠道向多个渠道发展。所以，全员营销也是一种全方位营销。

互联网、电商技术越来越发达，直播产业也迅速兴起，顾客购买商品的方式与习惯也发生了巨大变化，这时我们的整个销售策略也必须重新调整。要研究困境下的营销策略，企业要颇费一番心思才行。若还是用老方法来解决新问题，很多时候是解决不了的，不是大家不努力，而是策略不对，所以营销策略要慎之又慎，要反复揣摩，甚至要和顾客进行沟通、交流，听听顾客的心声。反复模拟演练在什么情况下，顾客可能成交。总之，策略的制定要下大功夫，这样才能保证有效营销。

5. 专业培训

要对所有参与营销的人员进行专业训练。《论语》里讲述管理有四恶："子张曰：'何谓四恶？'子曰：'不教而杀谓之虐；不戒视成谓之暴；慢令致期谓之贼；犹之与人也，出纳之吝谓之有司。'"这段话中的"不教而杀谓之虐，不戒视成谓之暴"非常关键。第一句，你让员工做事，还没把他教会就让他做，他没做成就惩罚他，这叫虐待。做不成不是员工的责任，是我们的责任。第二句，员工是生手，不懂而且没人去提醒，没有教他，却希望员工一次性做成，这叫暴，粗暴简单，对问题没有一个细腻的观察提醒、反复揣摩的过程。

因为营销不是非营销部门员工的专业，他们一定有很多不懂的地方，所以企业营销前的培训和销售过程中的陪伴是必不可少的。

若营销中，员工不出业绩，不要着急，要学会等待，一周不行，再等下一周，说不定就出业绩了。老营销员一周出业绩，新营销员三周出不了业绩，这太正常了。

在一家正规的企业中，任何一个岗位，都是要经过专业培训才可以上岗的。不要总想着节约前期培训成本（时间、费用等），因为你常常会在工作现场发现，过分节约培训成本会导致工作没有效率。全员营销必经的环节是做专业培训。培训的关键是“学而时习之”，新营销员一定要经过“学而”再去“时习之”，即专业培训之后再去实际做营销。老营销员带着新营销员，言传身教，手把手教会，这样人人“学而时习之”，全员营销就能很好进行下去了。

6. 精神激励

稻盛和夫先生说：“与困难正面对峙，把自己逼近极限，这样的精神状态就能击破‘认为不可能’的成见，催生独创性的成果。”面对困难怎么办？与困难正面对峙。把自己逼近极限才会催生独创性，战胜那些不可能。面对困难，企业当家人要做激励企业精神的人，这个极为重要。我们看看稻盛和夫先生的故事：“有一年年底，我感冒发高烧，却仍然50多次连续参加所有部门的辞旧迎新忘年会（联欢会），在会上不遗余力地阐述对明年事业的展望与构想，以期获得全体员工的理解和协助。这样，竭尽全力把自己的构想全盘告诉员工，要说的话说尽，我已经觉得浑身虚脱。”所以一个企业当家人要做精神的带头人，让员工觉得领导人在以身作则，要时时刻刻向领导人学习，坚持不懈，危难时刻显身手。

建校期间，在我们学校的义卖活动中，有一个一年级的孩子，她与72位陌生人进行了沟通，卖出去15本书。她告诉我们虽然每次沟通被拒绝时都很难过，但她没有退缩，告诉自己没关系，接着继续寻找下个人。在那段时间里，每周一升旗的时候，我都会收到各班孩子周末义卖的善款，他们说要和校长一起来建设学校，学校是为他们所建，他们将来要在这里茁壮成长。

其实，我和孩子们是在互相鼓励着，他们鼓励着我，我也鼓励着他们。看到他们时，我就觉得自己浑身充满了力量。他们都不怕被拒绝，那我还怕什么。他们能够坚定不移地走上街头去义卖，一天下来，有时要跑七八个小时，有的孩子到家之后，饭吃到一半就躺到妈妈怀里睡着了。孩子越来越坚强，大人也一样可以。

接下来，分享几个实战案例。

第一个案例，北京京诚智能科技有限公司，一家北京盛和塾的塾生企业，整个全员营销过程完整细致，值得借鉴。他们的主打产品有智能爬行探测机器人系统、高清无线望远镜潜望镜、下水道探测器、管道检测仪、体温检测、人脸识别、智能面板机等。该企业稻盛哲学学得非常好，而且产品卖得也好，他们营销的每个步骤都很值得我们参考学习。

受疫情影响，该企业于2020年2月3日开始复工复产，按照京城机电要求，大部分人只能居家办公。克服困难完成第一季度的经营计划，实现收入和利润双增长，实现开门红，成为该企业的首要任务。但当时企业新产品刚刚小批量生产，如何实现销售收入目标是个问题。

为了实现销售目标，首先要学习塾长思想。该公司多年学习稻盛和夫先生的京瓷哲学和实学，遇到经营问题就会想到孰长的经营思想。在本次遇到的经营困境中，他们首先学习了塾长2016年在沈阳经营哲学报告会上的演讲《把萧条看作再发展的飞跃台》。

2019年12月4日，企业全员阅读《销售冠军是如何炼成的》《网络营销实战密码》《SEO实战密码》。三本书提升了企业的整体信心和力量。继而，企业开展了一系列营销动作：打电话、发邮件、加微信，寻找潜在用户，为2020年2月3日的复工做好了电话营销的准备。整理电话销售注意事项，培训销售技能，打消第一次通话顾虑。

每一个步骤都非常精准，定位顾客，讲解经验，学习销售书籍。基于此，2月3日正式复工后，居家办公全员电话营销才有了可能。对第一次打销售电话的人来说，这实属不易，尤其是在全国人民居家防疫抗疫期间。企业全体员工发挥六项精进精神，付出了不亚于任何人的努力，每天视频会议，小组分工讨论，汇报情况，分享经验，最终收获目标客户135家。

企业营销战略迅速推进得益于六项精进中的“付出不亚于任何人的努力”，那么“付出不亚于任何人的努力”究竟是怎样的努力？村田忠嗣为我们详细解释了稻盛哲学中的20种努力。

（1）做出成果的努力；

（2）纯粹的努力；

（3）付出别人五倍的努力；

（4）全力以赴的努力；

（5）满怀感激的努力；

（6）令人感动和尊敬的努力；

（7）“贪心”的努力；

（8）“多加一点点”的努力；

（9）乐观的努力；

（10）永不停歇的努力；

（11）重视健康的努力；

（12）“相扑台中央”的努力；

（13）全面调动三个要素的努力（身体、头脑和心灵）；

（14）“水一般”的努力；

（15）要事优先的努力；

（16）打破框框的努力；

（17）争取前 3% 的努力；

（18）“忍”的努力；

（19）开启智慧宝库的努力；

（20）“只剩下向神祈祷的”的努力。

付出就有回报，努力终有收获。2020 年 3 月 10 日公司收获鼠年首单，随后陆续开单。该企业调动全体员工在一个多月居家不外出期间，做了全国的市场调查，锻炼了队伍，认真实践萧条时期的五个对策，为恢复正常经营做好了准备。

企业的一个员工写下这样的感受，他说：“2020 年的春节，随着新冠肺炎疫情的蔓延，春节假期也随之延长。所有人都在思考我们应该做什么，我们如何在这样特殊的时期为企业的发展贡献自己的力量。我作为一名财务人员，作为企业的老员工，也责无旁贷地加入线上销售的工作中。从起初的不敢轻易拨打电话，电话沟通不能清晰表达，到顺畅沟通，再到添加微信发送资料，我的成长历程清晰可见。通过线上销售工作，我深刻认识到：我们不能拘泥于某一种想法，不能为外界所影响和束缚，只要想做就没有我们克服不了的困难。我们一定要坚信办法总比困难多，我们一定能战胜困难，能让公司发展得更好！”

在困境中学思想、用思想、行思想，最终实现销售突破。当困境过去以后，这个企业的整体销售还会很难吗？一定会像稻盛和夫先生说的那样：“为克服萧条不懈努力，每一次闯过萧条期后，企业的规模都会扩大一圈、两圈。”

第二个案例，湖南大三湘茶油资源有限公司也是一个老塾生企业。企业主做山茶油，产品质量非常好，获得了国家科技进步奖。该企业也启动了“全员营销”策略，企业亮点是员工有热情，而且热情非常高。企业老板和员工天天打卡报战绩，互相激励。企业当家人的太太也出来网络直播，销量非常好。员工和企业签订责任状（军令状）：“言出必行，使命必达。即日起代理公司成员在2020年4月25日到2020年8月4日期间完成1310万目标，让我们一起付出不亚于任何人的努力，共同实现目标，请大家见证我的承诺！”每个员工有自己的军令状，团队伴左右，员工在准备销售之前做了全员动员，每个员工都拍了照片，全员参与，燃起斗魂，迎战萧条。该企业的精气神是值得我们借鉴学习的。

在全员营销的时候，每个部门各出绝招，动员工作做得非常好。该企业的文化底子非常好，大义名分、员工幸福抓得非常实，所以关键时候员工能冲上来。

第三个案例，吉林省松原盛和塾的一家企业，即前面提到的至优宝贝。2020 年疫情期间，这个企业 2 月份销量同期增长 11.47%，利润增长 58.06%；3 月份销量同期增长了 20.21%，利润增长了 22.89%。利润增长率幅度很大。该企业是怎么做到的呢？

第一，构建良好的人际关系。“经营企业最重要的是经营和员工的关系，企业关爱员工，员工体谅企业，持共同谋求企业发展的观点”。这句话取自《稻盛哲学》。至优宝贝当家人谨遵稻盛经营思想，从以下几方面经营与员工的关系：薪酬工资和利他（更多的服务）奖金分红的调整；部门间及整个企业人际关系的再建，逐步形成齐心协力、团结一致的良好氛围；倾听员工心声，和员工坦诚交流意见；言出必行，一旦业绩好转，就马上兑现承诺。员工看到企业的成长，心就会安定，继续回到经营的原理原则中，回到使命中。构建良好的人际关系就是企业要和员工同甘共苦，形成一个命运共同体。

第二，对策。完成员工动员后，再感召全员营销。积极引导行政、服务部门集体参与营销。以前企业整个销售任务都压在营销部门，现在行政、服务部门都参与了，公司上下一条心，彼此理解、彼此体谅，为了共同的目标全力以赴。

第三，做全员经营方案。首先确定使命、目标：使命是追求全体伙伴及家人的物心“双幸福”；目标是不降薪、不裁员。企业目标定在员工幸福上，不管企业遇到多大困难，不降薪、不裁员，所以员工很有干劲。其次执行计划：全员召开启动大会；全员定销售目标；创新新品类——防疫用品；启动线上直播、微店、分销。参与全员销售的人员包括：后台行政人员；服务项目（水育、产后）人员；家属爱心团送货；开放分销权限，所有人都可以销售。所以，整个全员营销参与度很高，不仅员工销售，连家属爱心团都行动起来了。在整个营销过程中，该企业还将本领域最新的服务项目带动起来了。通过这一系列的行动，销售情况如何呢？行政部门原定销售目标45万元，实际完成72.6万元。仅从这一个小数据就能看出该企业的整个销售情况。有了销售业绩，员工的工资等福利待遇就不再是问题。

随后，他们又发起了“逆风飞跃、决战百日”的全员营销活动。

发心：成为伙伴的依靠、客户的信任、民族的脊梁。

使命：追求全体伙伴及家人的物心“双幸福”。

口号：活下去，活得好，活出尊严。

为生存而战，为发展而战——这个企业全员营销的策略符合人心、触动人心。继而进行全员集训、专业培训，然后再上一线做销售、冲业绩，决战百日。

我们遇到困难时，一方面需要用哲学来振奋精神，另一方面也需要用实学来打造经营模式，实现哲学实学联合发力。

稻盛和夫先生一生经历过很多波折和风浪，一次次走过来，他对所经历困难的突破，不管是从内在心性还是外在策略上，都有很多方面值得我们学习借鉴。就如先生所说：“既然从事了经营，就不要害怕各种经营课题接踵而来，而且问题越是困难，越是不能失去梦想和希望。被各种经营上的问题所纠缠，却能顶住压力，坚忍不拔，这样的经营者身上似乎渗透出一种悲壮感，或者说因为我强调了坚强的意志和燃烧的斗魂，大家或许认为经营一定是苦差事，一定充满悲壮感。恰恰相反，正因为经营需要激烈的斗魂和不屈服于任何困难的坚强意志，以乐观的态度面对困难和逆境，乃是人生的铁则和成功法则，是经营者生存的智慧。”

第三章

如何面对逆境中的考验

2020 年给企业带来了重大考验，但往往考验和危机对一个组织甚至个人来说就是成长和机遇，这也正是稻盛和夫先生一直在坚持的。

我们来看一段稻盛和夫先生的经历。先生说：“有件事让我至今无法忘记。在某个严冬，我和专务董事青山政次去走访一家位于富山县立山山脚下的电阻器厂商。

“立山被深深的积雪覆盖，我出生在南国的鹿儿岛，特别怕冷。雪灌进了鞋子里，脚冻得已无法忍受。好不容易到了这家公司，却吃了个闭门羹。无论我们怎样请求：‘请让我们见一下贵公司的技术员吧！’他们也毫不理睬。无奈饥寒交迫的我们默默无语，垂头丧气地回到富山车站。

“车站的候车室有个圆火炉，我们叹着气把手伸到火炉上取暖。旁边就是个煤堆，暖炉被烧得通红通红的。稍感舒服了一会儿，我突然闻到了一股烧焦的味道。一看脚下，我那件宝贝大衣的下摆竟然被烧着了。原来因为太冷，我贴着火炉太近了。”

老先生为世人所敬仰，是日本“经营之圣”，可他也一样经历过这些苦辣酸甜、艰苦的岁月，吃过闭门羹，踏过深深的积雪，为了烤火，大衣都被烧着了。看看先生的经历，想想我们自己，也是很幸福啊！

"梅花香自苦寒来"，在每一个危机到来的时候，我们都要重读"稻盛"，重新温习稻盛和夫先生的成长经历带给我们的启示。

本章重点介绍稻盛先生经营哲学中的"六项精进"精神：

（1）付出不亚于任何人的努力；

（2）要谦虚，不要骄傲；

（3）要每天反省；

（4）活着就要感谢；

（5）积善行，思利他；

（6）不要有感性的烦恼。

这六项内容在稻盛先生的很多书中都有记载，是能帮助我们劈开困境的六把"利剑"。

第一把利剑：付出不亚于任何人的努力

不管经济多么低迷，也不管我们处在怎样的时代，我相信，只要能够做到拼命努力工作，就完全能够渡过这些难关。

——稻盛和夫

稻盛和夫先生的“六项精进”中说：“不管经济多么低迷，也不管我们处在怎样的时代，我相信，只要能够做到拼命努力工作，就完全能够渡过这些难关。”先生肯定的话语，让我相信只要能够做到拼命努力工作，就完全能够渡过这些难关。这把利剑怎么使用呢？我提供一个思路，供大家参考。

第一步：客观认识你的困难，把你当下的所有困难一一列出来：

现金流周转很困难，到了年中可能维持不住了；

销售额稳定很困难，降了10%、20%、30%；

供应商采购很困难，企业需要的主要零部件采购不到，整个生产线停转；

团队管理很困难，高管抱怨、流失、跳槽；

企业遇到了意外事件、政府的某些政策，或内在的一些负面新闻事件……

先把这些困难写出来。我们写出来就能看清，就会逐步进入理性思维，否则会被这些困难所带来的烦恼缠绕。所以，能认真地把困难列出来就是迈出了一大步。

第二步：真心地求教，反复地思考。

付出不亚于任何人的努力去寻找问题的解决方案。这时不要着急出手，先带着这些问题去求教。可以去问你的员工、问你的老师、问你的同道好友，也可以去书本中找答案。求教也要付出不亚于任何人的努力，努力找出解决方案。

解决方案有两种：一是告诉你怎么突破；二是告诉你暂时潜伏，静待花开。不管哪一种方案都能保护你。我在和北京盛和塾的几位朋友沟通时，他们给我讲了一些遇到的问题，我听到以后，本能反应是这些问题能通过不同的方式解决。问题解决与否，只是我们自身的障碍。比如我们站在一楼时，看这个问题没有答案，站到六楼时就有答案了，即所谓“不畏浮云遮望眼，只缘身在最高层”“欲穷千里目，更上一层楼”。想突破困难，就要付出不亚于任何人的努力去寻找答案。

稻盛和夫先生在拯救日航时用过这个方法。拯救日航的记录中提到，先生说：“一般人理解敬天爱人是敬畏规律，用仁爱之心爱人。太浅了！敬天爱人最重要的是敬畏员工巨大的无穷性，敬畏每个当下巨大的无穷性。因为我是从一线摸爬滚打出来的，我知道一线关键岗位的带头兵是一个公司最重要的资产，他们身上有着巨大的无穷性潜能。”“我没做啥，我也不懂航空。上午跟高管开会听到一大堆抱怨。下午休会，就走向一线员工，去跟他们握手，以心碰心，把高管们说的那些难题摆出来，听他们的意见。他们对每一个难题都有解。第二天再给高管开会时，我就有底气了，甚至敢对他们拍桌子，我尝到了甜头。于是 3 个月内就跟 3 万名日航员工握手问计。请教日航的真问题和解决办法。”稻盛和夫先生的解决办法从哪里找到的？是用3个月时间与3万名员工握手问计得到的。“听君一席话，胜读十年书”。《劝学》中说：“吾尝终日以思，不如须臾之所学也。”我们在找答案的时候，与其在家里冥思苦想，不如走到员工中去，到老师身边，到同道身边，到书中，或许能找到答案。先生感慨地说：“谁知道这么一个简单的行为，员工就被激励了，日航的立场就不一样了。拯救日航的是日航员工身上的无穷的潜能。我的作用就是敬畏员工身上巨大的潜能，并开辟梳理通道，建构文化能量场，让那些潜能释放。”

那些困难的解决方案不是没有，而是我们没有去找。或者说别人给您找来时，没有认真去听。在我们明德企业文化研究院的“同舟计划”送课过程中，有些塾生感谢道：“你们是雪中送炭，给了我们这么多好的课程。”但有些塾生完全陷在困难里，把困难当作借口。“我的企业现在有困难，我哪有时间听课呀？”这个思路对吗？很多企业救不过来是因为自己不想突破，没有付出不亚于任何人的努力去寻找方案，这本身就是一种自我。当年夫子在《论语》中讲过：“子四绝：毋意、毋必、毋固、毋我。”

不以主观意识妄断客观现实；

不犯绝对主义错误，凡事辩证看待；

不固守成规而深知变通；

不存我见，以事实说话。

当企业遇到大困难的时候更要“毋意、毋必、毋固、毋我”。要迅速打破原有的思维方式，因为用过去的方式已经不足以应对当下的困境，这时候必须要去吸纳新的能量、新的思想。先把框架做出来，是进是退，是等待还是进攻，方案要定准。

第三步：也是最关键的一步，依据已制订方案采取行动，付出不亚于任何人的努力。

这时付出不亚于任何人的努力是指坚定地执行，决不回头。如果方案制订了不能执行，企业的困境是解决不了的。心里要非常清楚——不达目标决不罢休。当你定制目标时就会发现，你所有的潜能都被激发，推动着你朝目标而去，最后问题就解决了。有时候解决困难就像打上甘岭战役一样，像飞夺泸定桥一样。看看历史，假设当初我们没有飞夺泸定桥，中国命运又会怎么样？那一瞬间的一场战役，就是生死之战！所以在关键问题上是不可以犹豫、不能懈怠的。冲过这一个目标，整个局面可能就豁然开朗了。

很多企业在发展过程中，有几个关键难关是必须要渡过的。先生鼓励我们说："不仅拥有知识，而且知识升华到'非这样做不可'的信念时，就成了见识。通过自己的所知，能强烈认识到'非这样做不可'。将知识升华为一种信念，这就叫见识。如果没有强烈的、洞穿岩石般的'坚强意志'，是绝对无法完成经营计划的。"前两步已准备就绪，最后就是要用"洞穿岩石的坚强意志"和"非这样做不可"的信念行动。全员动员，计划上墙，每天诵读，时刻谨记。

很多企业为什么困在逆境中走不出来？第一，没思路；第二，没勇气。而迈出这两步都需要付出不亚于任何人的努力。什么叫不亚于任何人，就是普通人在困难面前都退缩了，而你不亚于任何人，所以你突破了。

先生接着说："我认为经营中所需要的'坚强意志'是指从内

心涌现出的平静却强烈的愿望。换句话说，就是‘Never Give up’，就是永不放弃的决心。一直以来，我常在京瓷公司内部说：‘当你觉得不行的时候，才是工作开始的时候。’”

不妨把这些话写到墙上——“Never Give up”“当你觉得不行的时候，才是工作开始的时候”。这些话会不停地激励你去突破。如果没有这种强烈的愿望，困难是很难被克服的，这正是考验勇气、考验胆识的时候。

把一个方案做好以后，就去执行。不是只执行一天，而是要反复执行。古人说：“志不立，天下无可成之事，勤不兴，天下无可办之事。”有志向，有大义名分，还要有勤奋。人一我十，人十我百。销售时，盯准顾客绝不放松，进行陌生拜访，直到成交，得有这个劲儿才行。最后的结果一定是天道酬勤。困难，大家都有，不仅我们困难，别人也困难，大家都困难。最困难时就是淘汰赛，就看谁能挺过去，谁能突破谁就能崛起。正是因为困难，企业才会拉开差距。每一次经历困难之后，一定有一批企业被淘汰，一批企业崛起，这是必然的。

先生在这个问题上说得很明确，他说：“实际上，在事业上获得成功的人与不成功的人之间的差距不过薄纸一张。没获得成功的人，也有工作认真、抱有热情、拼命努力的，但他们却不成功。实际上，虽说两者之差只似一张薄纸，但又是很大的本质性的差距。差距就在于是否能够‘克服困难，突破障碍’。不成功的人在遇到困难的时候，别说垂直攀登了，还会在心中产生迷惘：‘这解决不了呀！’。这种犹豫才是问题之所在。成功的人，在遇到困难的时候会乐观地相信事情能解决：‘我有无限的能力，只要努力一定能解决。’也正因如此他才能成功。”

这段话来自先生在2011年盛和塾第19届世界大会上的演讲，题目是《克服困难 战胜危机》，讲的就是克服困难的所有过程。当困难出现的时候，谁能克服，谁能突破，谁就是最后的赢家。关键是在面对困难时怎么思考，是犹豫退却，还是“我有无限的能力，一定能解决”。星云大师的文章《忍耐就是力量》也非常值得借鉴学习，它可以帮我们提升心力。

第二把利剑：要谦虚，不要骄傲

不管是处于中小微型企业的创业期，还是处于大型企业的收获期，这种谦虚的态度必须一以贯之。

——稻盛和夫

“不管是处于中小微型企业的创业期，还是处于大型企业的收获期，这种谦虚的态度必须一以贯之。”（摘自《六项精进》）

怎样保持谦虚态度？一是礼敬顾客；二是热爱学习；三是善于倾听。

第一，礼敬顾客。

古人说：“一分诚敬，得一分利益，十分诚敬，得十分利益。”如果能够真正诚敬顾客，就会得到顾客的青睐，就有可能产生新的供需往来，获得利益。在同样的市场竞争中，谁对顾客最诚敬，谁获得的利益就最多。走到顾客中去听他们的需求是什么，真正尊敬顾客，按照顾客所说的去办，才有可能突破。

广东盛和塾川东瓷片厂老板何华娟分享了川东人的干法和活法。川东在创业时，有一年松下来中国找供应商，有四家供应商送样品，只有川东的产品符合他们的检验标准。但是松下专家来审查时，到工厂一看，发现没有作业指导书、没有工程管理图，很多资料都没有，设备也是二手设备，日本专家很生气，质问陪他们一起来的杭州的臧先生：“你为什么要找这样的工厂来合作？

设备这么陈旧，如何保证我们松下要求的品质?”当时的川东以为，松下的专家来审查，只要按照中国的标准，把桌子擦干净，卫生搞好，垃圾清理掉就可以了，没有想到我们的标准和对方的标准是不一样的。专家就要走了，这时候川东的何董站起来说：“你们来中国为什么呀？不是因为我们中国的成本低吗？你们三个人，两位从日本过来，一位从杭州过来，难道不用成本吗？今天你们来审我们，你们审出100个、200个问题，我们都可以改善，你给我们机会，如果一个月后，你们再来审我们，我们还是不改善，你再开掉我们都可以。请你们给我们整改的机会。”这段话打动了日本采购商，他们继续进行了审查，发现100多个不符合项，说：“我们一个月后再来审查。”

接下来的一个月，川东做了很多努力，包括现场改造、5S整理、工艺文件建立等。工艺材料传给松下审查部门时，不合格，修改再传，还不合格，就再改……最后向松下在国内的代理臧先生求助，请他把工艺文件的模板传过来参考，经过一周加班加点的整改，参照提供的模板调整了工程工艺流程图、作业指导书、工程管理图等。一个月后，松下专家第二次来川东检查，此时粘贴指导书的糨糊还没有完全干，当他们来到现场，拿着放大镜看工程工艺技术材料时，不禁夸道：“不错！这么短的时间，你们做的资料比我们松下的资料还要好!”他们当时就被川东的用心感动了，审核顺利通过，川东成了松下的合格供应商。接着川东承接了日本松下、马来西亚松下、印度松下等的订单，迈上了一个新的高度。

这就是一颗对顾客“十分”诚敬的心，因为对顾客的诚敬，所以得到了利益。越是困难，越是在比谁对顾客更好、更诚敬。我们要和顾客抱团取暖，携手前行。

第二，热爱学习。

为什么要学习？《易经》里说过一段话，讲了事业做不成的三个原因：“德薄而位尊，知小而谋大，力小而任重，鲜不及矣。”鲜不及，即很少有能做成的。“德薄而位尊”，即当领导人本身德行不够，还当董事长，员工能服气吗？“知小而谋大”，即对商业大环境了解甚少，但总想着获得百亿元产值，可能吗？“知小而谋大”是目前我国很多企业存在的一个深层次问题。

想做成事业，需要关注两部分内容：一是西方的管理学，二是东方的文化。两部分内容只有融会贯通，才能使企业做大做强。西方管理学走过了几百年历程，有很多管理学大师，从最早的亚当·斯密到德鲁克，再到特劳特，都非常值得我们学习。东方文化博大精深，如果用东方文化来治理企业，至少有三种境界需要提升。外层用儒家思想，实现哲学共有；中间层用道家无为法，做到有效管理企业；内层用道思维、无我大爱及稻盛先生的“动机至善，私心了无”，铸就不凡的事业与人生。三个境界提升后，再融入西方管理学，做到中西合璧，企业才能基业长青。

目前中国的企业能把这些完全用好的寥寥无几。很多企业表面看似没有多大问题，但当遇到困境时问题往往就显现出来了。遇到问题，需要重新学习，不能再犯“知小而谋大”的错误了。《了凡四训》中提到“世间享千金之产者，定是千金人物”，想做一个亿的项目就需要有一个亿的思维。

第三，善于倾听。

如今信息特别复杂，国内的信息、国际的信息、朋友的信息、员工的信息、老师的信息、课本的信息……这时要学会大量收集和倾听，要特别谦虚，不要做一个闭塞的人。

先生推荐过《了凡四训》，书中说："彼气盈者，必非远器，纵发亦无受用。稍有见识之士，必不忍自狭其量，而自拒其福也，况谦则受教有地，而取善无穷，尤修业者所必不可少者也。"这句话很适合中国的企业家。"彼气盈者，必非远器"，即一个很焦躁、很傲慢的人做不了大事。"远器"，远是高远，器是装东西的容器。"纵发亦无受用"，即纵使一时有所发达，拿到了几亿元的项目，也担不起来，一有风吹草动就要倒了。真正的有见识之士是"必不忍自狭其量，而自拒其福也"。真正对人生有见识的人，怎么忍心把自己心量变得很狭隘呢？怎么能拒绝这种福气呢？"况谦则受教有地，而取善无穷"，即谦虚让你"受教有地，取善无穷"。"受教有地"，就是别人给你教诲、给你提醒，你觉得这个很好、很正确，应该改。"取善无穷"，就是会有很多好的方法、好的缘分可以帮助我们。"尤修业者所必不可少者也"，即尤其是那些想做事业人必不可少的。

我也一直在读《了凡四训》，也要做一个谦虚受教的人，向先生学习，谦虚戒骄，善于倾听他人的意见建议。

谦虚，在中国文化里是一个美德。遇到困境时，一个企业能守得住谦卑，这个企业才能发展起来。《了凡四训》说："每见寒士将达，必有一段谦光可掬。"即你看到一个人要发达前一定谦光可掬。"凡天将发斯人也，未发其福，先发其慧；此慧一发，则浮者自实，肆者自敛。"即老天要帮一个人，让这个人将来事业发达，首先“未发其福，先发其慧”，没给他好事之前，先启动他的智慧，智慧启动以后就会“浮者自实，肆者自敛”，原本很轻浮的人，就会变得很踏实、朴实，原本很放肆的人就会变得很收敛。当看到一个人很朴实、踏实、收敛时，这个人的福气和智慧就要来了。

稻盛和夫先生这把“利剑”，不仅说当下的修为，也说未来的前程。你能够谦虚戒骄，那么将来的发展空间就很大，即使暂时陷入困境，将来也定有属于你的机会。尤其在企业已经遇到困难时，要多听别人劝。有人提醒我们绝对是好事儿，不能固守自己过去的想法。良药苦口利于病，忠言逆耳利于行。所以，能听别人的劝说也是谦虚，“从谏如流”这种胸怀能把各种好的建议都收纳进来，尤其是在困难时，通过这些好的建议我们就可能找到脱困之路。

当年文王求贤，在渭水河畔遇到了姜太公。文王让姜太公坐上他的车，并亲自拉车。姜太公看他的态度很谦虚，就给他讲了得天下之计，文王重用了姜太公，再后来武王伐纣就建立了周朝天下。一个做事业的人，如果连谦虚戒骄这点苦都吃不了，那就很可能要吃大苦了。

第三把利剑：要每天反省

企业家如果不磨炼自己的心，就无法出色地经营企业。

——稻盛和夫

“六项精进”的第三剑：天天反省。

稻盛和夫先生在书中说：“企业家如果不磨炼自己的心，就无法出色地经营企业。希望大家都能够重新认识这个道理。”要天天磨炼自己的心，去反省，去找自己的过错，发现不足。

那些一直阻碍我们前进的，甚至正在把我们拖进泥潭的，一定是出在我们自身的、已经存在但未曾觉察的问题。能把企业做得这么好一定是我们有优势、有能力、有人脉，可是为什么企业还会出现这么多问题呢？问题出在已知上还是未知上？很明显是未知。

很多人被自己的未知世界所绊倒，不承认、不相信、不觉得自己有问题。我们都是凡夫俗子，都没到圣人的境界。稻盛和夫先生奋斗一辈子才被称为经营之圣，我们目前相去甚远。既然是凡夫俗子，必然会有问题，而那些我们不承认的问题正在牢牢地把我们拴住，这就是现实的困境，那些盲点把我们困住了。所以，当企业遇到困境时，正是需要反省的时候，把盲点找到。

如何反省？我们可以问自己几个问题：别人能做成500强企

业，我为什么不能？

别人能够在逆境中突围，我为什么不能？

别人能够把产品销售出去，我为什么不能？难道都是市场的原因吗？难道都怪别人吗？

别人的企业都全员营销，我的员工为什么就做不动呢？

别人营销带货做得那么好，我怎么就带不动呢？

这里有很多问题值得我们去对比、反思。下面几条反省供大家参考：

第一，因果反思。

为什么置身在同一个市场、同一家公司或者同一个部门的人，你正在遭遇这个难题，别人却没有？

如果原因都归于市场，那为什么有的企业能活下来？

“我们要有这样的认知：自己遭遇的灾难，是自己过去所犯的错误、所造的罪恶种下的恶种子。如果自己所遭遇的并非危及生命的灾难，那么反而应该庆贺，能以这样的思维方式斩断烦恼、忧愁的枷锁。”

这些困难不是偶然的，稻盛和夫先生另外一本书《活法》中讲得很清楚：“我们身上发生的各种事物，都有其产生的原因，这原因不是别的，就是我们自己的思想和行为。我们在想什么做什么都成为因，而必生其果。我们对所生结果如何应对，又成为因，又必有果。这种因果法则不断循环，构成我们的人生。”

今天所看到的种种困难是果，因的形成是在过去。困境到来，市场衰退，这属于外部条件，条件不是决定性因素，条件只是助力，加速了问题（果）的产生。问题到来时要从因上去找方法，要用这种思维方式来解决问题。

稻盛和夫先生的著作《活法》，有一章专门讲因果关系。很多朋友问："一个大企业突然就倒闭了，是什么原因？"表面看是一个小原因，一个新闻事件或资金链断了。其实这些都不是深层原因，深层原因是那些看不见并积蓄已久的问题，是很多问题同时爆发了。

两年前，我们讨论某个企业，预判说他现在做这样的事情将来肯定要倒霉，果然不到两年企业就倒闭了。他们不肯学习，犯了"知小而谋大"的错误。部分中国企业在国际上出的一些问题，都不是偶然。没有无缘无故的事情，只有稀里糊涂的人。

第二，发心反思。

为什么做这家企业？

发心是什么？是动机至善、私心了无吗？

如果不改变发心，我真的能够从困境中走出来吗？

我在网络上为企业讲课的过程中，很多朋友发来反馈说："老师，能不能少讲文化多讲方法，我们需要方法。"我知道大家需要方法，我也想讲方法，但如果发心这件事不调整好，给你一千种方法也没用。种子不对，翻地、浇水、施肥，也结不出硕果。

方法对有发心的企业来说，给了就好用，对没有发心的企业来说，给了也没用。因为很多问题不是表面问题，而是深层问题。若不做反省，只求方法，会吃很多亏。

稻盛和夫先生殷殷叮嘱说，发心很重要，一定要"动机至善，私心了无"。如是因如是果，你有什么样的发心，企业就有什么样的未来。结果不对，就要回到发心去反省去调整。发心的反省，才是真治病，真解决问题！

第三，使命反思。

我的企业使命是什么？

有大义名分吗？

有没有关心员工的物心幸福？

有没有为人类做贡献？

这些根本的使命我都做了吗？

我恪守企业的使命了吗？

如果没有，企业肯定会出问题。企业使命没有找到，没有理清楚，能活到今天算是比较幸运。不是疫情让企业遇到困难，而是困难早就存在，只是疫情这件事情加速了困难的呈现而已。即使没有这件事，没有使命的企业又能走多远？

这就是问题的答案，很简单，只是很多企业可能没有研究过。这时就要好好学习稻盛和夫先生关于使命的阐释。《经营十二条》的第一条就讲大义名分，没有第一条，后面十一条都不能成立。大义名分特别重要。第一条大义名分中又分为两条：一是员工的幸福，二是为人类做贡献，一个都不能少。稻盛和夫先生说的这些内容不是用来借鉴的，而是用来遵守的，它是规律。

稻盛和夫先生讲使命，德鲁克先生讲使命，我们中国共产党讲使命，都在讲使命。“不忘初心、牢记使命”，没有使命注定走不远。

这就是我们当下需要反省的：企业有没有使命？清不清晰？有没有执行？

第四，战略反思。

我的企业有发展战略吗？

我的企业战略符合使命吗？

我的企业战略里有危机应对吗？

我们过去把战略做得很乐观，年年曲线上升。大家没有想过企业也有可能遇到危机，没有提前做“水库式经营”来储备一定的资金。有的企业说：“我们每年交税后的利润已经很薄了，加上还要投资发展，怎么做水库？”你的企业为什么利润这么薄？为什么达不到稻盛和夫先生11%的最低要求？这个问题需要反省。

利润从研发中来。企业要做产品研发，如果没有产品研发，产品的性价比不高，就会导致没有利润。通过研发能带来两个好处：第一，降低产品的成本；第二，提高产品的性能，也就是价值。价值能拉动价格，产品成本低价格高，赚钱就容易了。如果利润率达到15%以上，就能攒出一部分钱。根据这些再做一个长远的发展战略，而不是着急盲目地扩大投资，这时企业就能够进退自如。

今天遇到的很多困难，都是因为过去准备得不够，没有吸取老一辈企业家们总结的一些好经验，没有认真反思，总是按照自己过去的思维方式做企业，我们要“毋固、毋必、毋意、毋我”。

仅有使命还不够，还要定战略，战略根据使命制定。企业怎么发展？出现危机怎么办？遇到困难怎么办？针对这些问题提前制定好战略，再遇到困难时就有应对方法。

第五，产品、人才、营销的反思。

企业产品“硬度”如何？在市场有没有竞争力？

当顾客整体采购量降低时，产品质量是不是过硬？能不能满足顾客需求，在市场占有一席之地？

企业人才队伍如何？有没有凝聚人心，共克时艰？

是否做过团队教育培养？有没有提升员工凝聚力和员工幸福？

企业的营销能力如何？有没有全方位营销？有没有与时俱进的营销方案？

2020 年新冠肺炎疫情，很多企业暴露出软肋。产品硬度不够、团队没有凝聚力、营销能力不强，稍有风吹草动，企业这艘船就摇摇晃晃，甚至要翻船，这些问题值得反思。

产品过硬、团队牢固、营销能力强的企业，在疫情期间基本不受影响，能乘风破浪前进。顶多是把原计划 20% 的利润率降到 10% 、5% 而已，生存依然没有什么问题。

企业遇到大的危机原因是什么？不是外面风太大，而是企业本身的“筋骨”不够结实，这些问题值得我们反思！

稻盛和夫先生说要天天反省，经常反省。反省不是为了苛责自己，而是希望未来更加美好！想做事情、想成长，就得不断地去反省因和果、反省发心、反省使命、反省战略、反省团队人才、反省产品经营等，看看暴露了哪些短板，赶快解决。不要把问题拖后，在危机中解决问题是最好的。因为只有真正感受到了危机，才能下定决心解决。

第四把利剑：活着就要感谢

像我这样的平庸之辈，原本不可能取得如此成就的。因此，今天这一切完全是感恩之心所激发的奇迹。

——稻盛和夫

稻盛和夫先生在书中说："像我这样的平庸之辈，原本不可能取得如此成就的。因此，今天这一切完全是感恩之心所激发的奇迹。"很多朋友问："老师，感谢也能成为利剑吗？"当然了。稻盛和夫先生《在萧条中飞跃的大智慧》中的五项对策是构建良好的人际关系。这个对策很重要，因为人际关系能帮你渡过难关。

良好的人际关系靠什么来构建？感恩。感恩到底有多么重要，先给大家读一个感恩法则："凡是你所感恩的，你将拥有更多，凡是你觉得理所当然的，它将离你而去。"如果我们懂得感恩，来帮我们的人就会越来越多，如果我们觉得一切都理所当然，那么很快我们就会全部失去了。大家请看下图：

我们生在天地间，没有一个人能独立存在，天地、阳光、雨露等万物滋养我们，我们离不开党、国家、人民、父母、老师、长辈、亲人、同事等的帮助，我们要做的就是不停地感恩。当我们感恩时，就可以和外部进行链接，一旦链接了，就像一棵树把根扎在土地中，就能吸收到大地的水分、养分和能量。

如果不懂感恩，就像一棵树完全和大地脱离。和大地脱离的

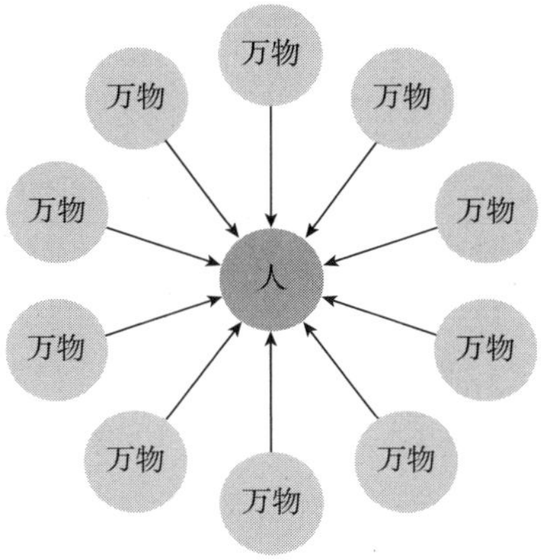

树，还能够长成参天大树吗？不能。为什么会脱离？不是大地不帮这棵树，而是这棵树没有感恩之心了。道理就这么简单。

我们画一幅图，看当我们不懂感恩的时候会怎么样。这时所有外在机会都隔断了，我们会非常孤单，没有人再来帮我们。别人帮我们一次，不感恩；帮我们两次，不感恩；没有人会再帮我们第三次，除非是父母。但父母也会慢慢心凉。有人给你提建议，不感恩；有人给你送订单，不感恩；员工加班，不感恩。内心只有自己，久而久之，就成了孤家寡人。没有万物相助，你如何渡过难关呢？

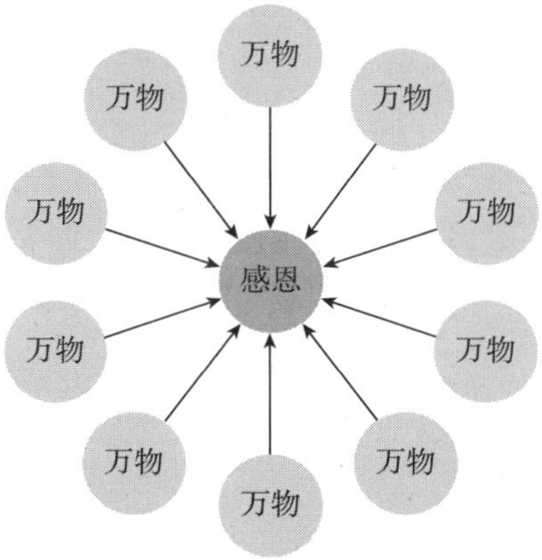

如果没有感恩之心，我们和这些缘分都会慢慢远离。不感恩天地，天地就帮不上我们；不感恩国家，国家就帮不上我们；不感恩员工，员工就帮不上我们；不感恩员工的家属，员工家属不愿意帮我们；不感恩专家，专家就帮不上我们；不感恩顾客，顾客就帮不上我们；不感恩供应商，供应商就帮不上我们；不感恩亲人，亲人就帮不上我们；不感恩朋友，朋友就帮不上我们……不感恩万物，万物是帮不上我们的，最后我们在中间就变成孤岛了。有人说我这么困难，为什么大家都不帮我？那你就需要反思，打开手机看一看你给朋友发过多少感恩的信息。

这里我给大家讲一个故事。

有一年我在大连团市委带“青年领袖班”，当时大连团市委每年都会选拔一些名校的优秀大学毕业生，组成青年领袖班进行学习，我任班主任。一天上课时，一位非常优秀的大学生提了几个问题，当时我就感觉这些问题非常好，并进行了一一解答。下课后，这位年轻人和我说：“老师，您下课要回去了，能不能再给我一点终生难忘的叮嘱和教导?”他有这个请求，那我得满足他。

我说：“年轻人后生可畏，我得满足你，你到前面来，你站好，看着我，我昨天给你们上课了没有?”

他说：“上课了。”

“昨天你举手问问题了没有?”

“问问题了。”

“我回答了没有”

“回答了。”

“回答对你有用吗?”

“老师，很有用。”

“请问你为什么不感恩我？你今年多大了？”

“我今年 21 岁了。”

我说：“你 21 岁了，还这么没有教养，怎么进入社会？”

这个小伙子当时脸就红了，很羞愧，没想到我说的话这么狠。然后他就明白了，很欢喜，退两步，给我鞠个躬说：“老师，您给了我一生难忘的教诲，我明白了。”我在教什么？教他感恩。其实我不是想批评他，他很优秀，一直追着提问题，最后还让我给他一个教诲。所以，我只能以这种猝不及防的方式让他永远记住。他确实没有感恩过我，第一次提问，没有感恩，再见到我也没有感恩。第二次提问还是没有感恩。那是公益课程，大学生坐了 100 人，都这个状态。我没有挑他们理，因为他们确实不懂，没有学过传统文化。没有学过传统文化的孩子，真的很吃亏。我在努力地慢慢教他们，但没想到这个年轻人这么优秀，他又请求老师格外的叮嘱。我想，既然他有这么好的根基，我也不能辜负于他，就给了他一个恐怕是终生难忘的教诲——别人给予你帮助的时候一定要感恩，否则就是没有教养，以后就没有人来帮你了。给他们上课时，他们经常要我的微信，加了微信后又没有声音。就这么一帮孩子，还要创业，我很担心他们的未来。

感恩是一种素养，也是一种智慧，能帮我们积攒能量。能量攒够的时候，若我们遇到困境了，缘分就会来帮我们，国家帮我们、员工帮我们、顾客帮我们、亲人帮我们……尤其做商业的更要注重感恩。商业是供需转换，供需转换久了就会形成一种思维方式，认为一切都是顺理成章的。比如，我把书卖给你，你给我 10 元钱；

我给你 10 元钱，你把书卖给我。这不就是公平交易吗？有什么需要感恩的？但我们不能这么想，无论是供应商，还是顾客，都需要感恩。

稻盛和夫先生在拯救日航时亲自督促他的员工，要求一线员工对乘客抱有真诚的感恩之心、亲切的关怀之心、无微不至的服务之心。他本人乘飞机也总坐在日航的经济舱里，表明与员工同甘共苦的决心。而且，他不拿一分钱工资。在稻盛的感召下，日航员工们开始思考如何改进服务。例如，对于那些在日航宣布破产后，仍能选乘日航的乘客，员工们决定在乘务长致欢迎词时站在前面鞠躬行礼，还提高了送餐送水的效率，观察并满足乘客的需求，以表达歉疚和感激。

日航的业务量为什么提升了？稻盛先生做第一件事就是对乘客抱有真诚的感恩之心。一位日航的空乘说：我们每次乘飞机做空中服务时，一定要向乘客表示感谢。先生说不仅要讲得好，还要做得好。

感恩，在我们遇到困境时有什么好处呢？它可以使我们得到他人帮助。如果我们感恩，这幅图就变了：

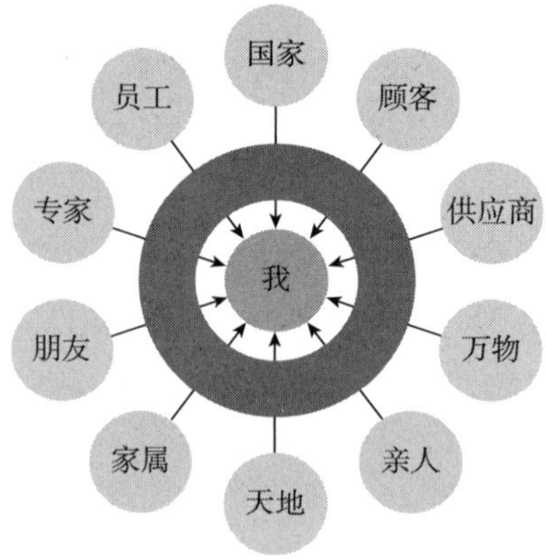

感恩使所有人都开始帮助我们，我们就顺利了。没有谁欠我们的，越感恩，帮助我们的人越多；越觉得理所应当，帮助我们的人就越少，我们就会越孤单。所以，同样遇到困难，有的人，大家帮一帮就过去了；而有的人，就是自己独陷困境，最后没有办法企业只能倒闭，这时就需要我们深刻反思了。

当身处困难，自己无能为力的时候，也是我们最需要帮助的时候。这些帮助可能来自国家、来自朋友、来自员工或是亲人，可能是一笔现金的调转，可能是临时给予的一个订单，也可能是一句温暖的话语。有的企业家遇到困难时，顾客和他说："本来我们不需要采购，现在提前下一个订单，帮您缓解一下困难。"你要感谢顾客，顾客为了让你的企业活下去，增加了订单，帮你渡过难关。这是日常积累所得，若没有一颗感恩的心，困境中我们只会就变得越来越困难。

第五把利剑：积善行，思利他

我们应该以“愚顽老实”的精神积累善行。也就是应该为世人、为社会实践利他。我认为，这正是让自己的人生及企业经营变得越来越好的唯一方法。

——稻盛和夫

书中说："我们应该以'愚顽老实'的精神积累善行。也就是应该为世人为社会实践利他。我认为，这正是让自己的人生及企业经营变得越来越好的唯一方法。"

唯一方法：积善行思利他。谈到利他，有朋友说：想利他，但做不到，企业资金都转不动了，太困难怎么利他？

在一个寒冷的冬夜，有个抱着柴火冻得浑身发抖的人，对着一只因为缺柴火快要熄灭的大火炉叫道："你什么时候给我温暖，我什么时候就给你添加柴火。"最后火炉熄灭了，这个人也冻僵了。大家看着这个故事想一想：是不是企业遇到困难就不能利他了？如果这时我们还不利他，我们的困难会加重还是减缓？他不先给火炉添加柴火，火炉怎么给他温暖呢？温暖是相互的，温暖他人就是温暖自己！越是在困难的时候，越不要忘了利他这把利剑。要想自利，必先利他，这就是商业的基本法则。在这种情况下，利他是一种胆略、一种战略、一种谋略，检验你的胆识够不够。你想解决自己的困难，那你先帮别人解决困难，这样你的困难就慢慢解决了。为什么？因为你的企业有价值了，有价值就能生存下去。总想着困难，总想别人帮你而不去帮别人，你的资源就会慢慢用光。

利他这把利剑有以下五种用法：

第一，利他才能看到员工的无助，而员工的无助正是企业走出困境的动力。

因为你是一个利他的人，会为员工着想，当看到员工快要失业了，企业发不出工资时，员工的无助就会激发你的动力：我要带领员工走出困境。这个心就是原动力，有了原动力资源就会转动起来，随之企业就能走出困境。“能够看到员工的困难”——这样的利他心，更有助于企业突破困境。

第二，《经营十二条》中第一条，稻盛和夫先生讲道：“这次艰难的交涉让我从内心的深处理解了员工的愿望。我开始意识到——企业经营应该有真正的目的，目的就是对员工负责任。”这是先生一生所坚持的。这句话同样适合当下，企业的困难，让我从内心深处理解了员工们的愿望，让我意识到企业是有责任的，是有大义名分的，是有社会担当的。为了这份社会担当也要冲出去，这就成了企业的动力，也能把员工动员起来。

第三，因为利他，你才能看到顾客的需求。

我们要走出困境，必须从顾客的需求出发，找到顾客需求点去改善我们的产品，从而提高产品的性能。这样顾客才会购买我们的产品。顾客不断购买我们的产品，企业才能复活，才能有出路。方太的茅总经常说：“眼睛不要总是被国家标准限制住，要盯住厨房里的主妇，关注她们最需要什么，她们的标准是什么。要怀着仁爱之心，想用户之所想，想用户之未想，想用户之不敢想，超越用户体验。”这就是方太厨电销售收入过百亿的一个核心秘密——“三想”。

有朋友会说：“我已经这么困难了，还想人家?”若这么想就麻烦了。困难归困难，千万不要因为困难而抑制了你的智慧和你的度量，越是困难越要振作，越要利他。否则，问题很难解决。若有利他心，就能看到顾客的需求。能看到顾客最需要什么，就能找到你的出路!

第四，因为利他，你才能看到市场的机遇。

市场的机遇是企业走出困境的突破口。你的目光不应总盯着困难，而要着眼于市场的新机遇。我们应该思考：用我的设备、我的团队还能做出什么来?用利他思维去扫描，找到新的机遇，企业就会有一片新的天地。

讲一个波音公司的故事。波音公司的轰炸机帮助美国打赢了第二次世界大战，但战争结束以后，轰炸机订单减少 90%，波音陷入岌岌可危的境地。波音总裁比尔·艾伦敏锐地观察到，战后全球经济复苏，民用飞机时代即将到来，而波音有工程师，有研发设计师，什么飞行器都能造出来。1952 年，在他的领导下，波音投入资金，毅然转向民用飞机的研发，制造出了波音 707、727、737、747 系列喷气客机，改变了美国航空业的格局。

战争结束后，订单减少到 10%，波音是怎么走出困境的?利他。用利他思维去观察市场变化，整个社会需要什么。所以，企业只有培养利他心，才能看到市场机遇，抓住了市场机遇就找到了走出困境的突破口。

第五，因为利他，你才能感受到国家的方向。

国家的方向正是企业走出困境的方向。有时，困境不是个性的，而是普遍性的，是全国都存在的，甚至是全球性的，国家比我们更担忧。2020 年 4 月，国家召开全国经济会议，提出了“六保六稳”：稳就业——多举措保持就业形势稳定；稳金融——继续实施稳健的货币政策；稳外贸——推动对外贸易稳中提质；稳投资——切实增加有效投资；稳外资——稳定和扩大利用外资；稳预期——坚持“稳”字当头。

“六稳”代表国家会帮助企业走出困境。如果不去利他，不为国家着想，只是想着自己，国家有什么动作你都不知道，国家想干什么你也不知道，机遇到了你更不知道，那么你就很难走出困境。

如果你能跟着国家一体化往前走，国家往哪里走你就往哪里走。在前行过程中，如果你能看到国家突破困境的决心和方向，就能找到自身突破困境的方向，就能看到全球突破困境的方向，就能找到未来你的企业进入全球市场的方向。所以，不要因为困难让你的目光变得短浅。越是困难，我们越要有远大的目光和气魄。

《能断金刚》说：“财富本身是经由维持一个宽容大度的心态所创造出来的。”企业财富不足了，我们要开源节流，要压缩成本，这很正常，但请记住不管怎么降低成本，都要保持一颗宽容大度的心。这里指的不是奢侈，而是你怎么对员工好、对国家好、对他人好，这颗利他心要维持住。就像杯子，若杯子的容量还有，那么就会有水续进来，若杯子的容量都没有了，那机会肯定就没有了。

如果由于危机的到来而损伤了我们的心态，心态的损伤就会使企业陷入困境，此时的困境不是市场的困境，是心的困境。怎么解决？《道德经》说：“非以其无私邪也？故能成其私。”只有无私地为他人着想，才能把你的事解决好。如果你没有无私的心，自己的事反倒解决不好，而困难的到来只会加重你的自私。

湖南省的一位企业家说：利他才是最大的利己。他叫陈克明，是做挂面的，29 年做成全国第一。

早些年，他们买了不少自动包装机、过塑机等。有的新设备质量还不怎么过关，买回来不好用，返修率高，个别的甚至难以发挥作用。有不少人抱怨他将钱打了水漂，陈总却对员工讲：“你们看问题的思维方式有问题，我们国家研制挂面机械设备的厂家并不多，规模也不大，资金实力不雄厚。他们研制出一代产品，是付出了辛勤劳动的。如果挂面企业都不去买，他们的研究还有什么意义？他们的资金链断了，不去研究了，我们挂面设备的现代化何日能实现？因此，明明知道买这些产品可能会吃亏，这个亏也是该吃的。”通过这段话，大家就能看出陈总的心胸。如果你不看这个企业的实力和发展，肯定会怀疑说这话的人有问题：哪能这么看问题？这是不知道控制成本，这个人一定做不好企业，不是真正的企业家。可就是说这话的人，企业做到了全国第一，你相信“利他才是最大的利己”了吗？我们不敢利他，是我们稻盛哲学没学好，胆略不够，战略没有，策略不对。越是困难越要利他，在利他中找出路。

第六把利剑：不要有感性的烦恼

往后的经济形势恐怕会愈发严峻。在面对这样的困难时，不要有感性的烦恼，而要奋力渡过难关，以积极乐观、努力拼搏的态度生活。

——稻盛和夫

稻盛和夫先生在书中说："往后的经济形势恐怕会越发严峻。在面对这样的困难时，不要有感性的烦恼，而要奋力渡过难关，以积极乐观、努力拼搏的态度生活。"

在困难到来的时候，感性的烦恼没有用。我相信很多朋友会感受到，困难给我们带来很多烦恼、忧愁、困倦、沮丧、自卑、迷茫、胆怯、绝望……我遇到困难时也会这样。可我们再想一想，陷入这些情绪能解决问题吗？

思考一个问题：困难给我们的人生带来哪些益处？

可以给我们带来很多益处，比如，困难可以磨炼我们，让我们成长，让我们反思。困难能开发我们的智慧，让我们突破。

困难是坏事还是好事？既不坏也不好，关键在于怎么用它。会用，它就是好事儿，不会用，它就是坏事。用对了，它就是成长，用错了，它就是烦恼。为什么会有感性的烦恼？因为思维方式出了问题，只看到事情阴暗的一面，却没有看到阳光的一面。有阳光就会有阴影，有阴影必有阳光，顺着阴影就可以找到阳光。

有一次下雨，我指着天问朋友："你看外面有没有太阳？"

他说："没有啊。"

我说："你再想一想。"

他突然恍然大悟说："有。"

"在哪里？"

"在云彩上面！"

"我们为什么看不到太阳？因为我们的高度不够。"

企业遇到的一些小困难、小烦恼，就像一片片乌云，我们在乌云下边，阳光就被遮住了。没有太阳了吗？有。在哪里？在高处。只要有更高的思维水平，就能看到太阳。高度不够时就看不到太阳，高度不够就要学习，读书听课绝对有好处。有人把困难当机遇、当成长、当突破、当磨炼，这是稻盛和夫先生的高度；有人看困难就只能产生感性的烦恼，但困难不是真正给你带来烦恼的原因，高度不够，才是烦恼真正的原因。

稻盛和夫先生说："正是这些苦难，才能磨炼我们的灵魂，提升我们的人格，要把苦难看作考验、看作机会。"我们需要这样思考问题，会烦恼是因为没有正确思考。先生又接着讲："能够把考验看作机会——只有这样的人，才能在有限的人生中让自己的生命绽放光彩。"面对考验时，要转换思维方式去解决烦恼。如果转不过来就多看书、多学习、多听课。

人生不能太顺利。古老的西藏智慧说："凡事都一帆风顺，其实是最糟糕的事情。"因为没有突破，没有成长，白在世间走一回。比如说不用你高考，别人替你答卷，给你分，让你上一本；大学不用你读，科科都满分，给你个毕业证；你不用上班，给你发工资。你觉得这样的人生有意思吗？这样的人生会很无聊，不会幸福充实。幸福是奋斗来的，而奋斗本身就是一种幸福。

如果人生太顺利，就失去了自我磨砺的机会，当我们八十岁，回看人生时，什么都没有，人生没有故事。如果我们突破一次又一次的困难，多年以后，给儿孙们讲一讲，就会觉得人生如此豪迈。这样看人生，就看明白了。要学习着去接受困难、接受问题、接受挑战，经常提醒自己，困难、问题都是成长的良机。没有成长的人生一定很可惜！

在每次遇到困难时，我也有感性的烦恼，胆怯、想逃跑、不愿担当，但是，身边有很多人在看着，怎么办？我就写微信发到朋友圈，也是发给自己，就写“困难、问题都是成长的良机，没有成长，人生一定很可惜”。自己照着读，读完了，开始一天的工作，就是这样走过来的。

要互相激励，当经历很多困难以后就会慢慢明白，人生本来不在顺逆之间，在于如何使用它，用好就行。人生不可能总是顺境，也不可能总是逆境。顺境来了，要多修福、多利他、多服务社会、多做贡献；逆境来了，要多修智慧，多成长、多学习、多读书。

“六项精进”可以解决很多问题，很多盛和塾的塾生企业已经在运用了。分享一个盛和塾企业家运用“六项精进”的故事，这个故事发生在2020年新冠肺炎疫情的重灾区湖北襄阳。襄阳市小白象商贸公司，他们的董事长杜诗武先生也是盛和塾的理事长，在疫情到来的时候，他想到稻盛和夫先生的叮嘱，于是用利他感恩回报社会。

2020年1月26日大年初二，杜董事长接到了市中心医院的求助电话，因为疫情，院区的空调不能使用，急需一批取暖器。医院找了多家单位，但由于对疫情的担忧害怕，以及认为订单小等原因都不愿意配送，希望小白象能够帮忙。杜董不惧危险率先垂范，亲自上阵，赶赴距襄阳300公里的荆州市，紧急为市中心医院采买调配取暖器300台、开水煲200个。湖北那时情况很危急，襄阳也是一个重灾区，但他们大年初二就参战了。由于杜董的举动，公司收到越来越多的求助电话，员工们也行动起来，2月1日至25日陆续分六批次，向各个抗疫单位、社区、指定隔离点、关联企业紧急调配安装空调、热水器等抗疫设备近200台。他们不仅帮有关单位调配抗疫物资，自己还捐献了物品，捐赠了电热毯、保暖衣（被）、四件套、帐篷、微波炉等价值近10万余元的生活物资。

大年初五，公司发出《捐款捐物倡议书》。第一批由公司捐款5万元，全体员工自愿捐款38450元，分公司捐款5700元，共计94150元。款项迅速捐赠到了市红十字会。同时，小白象不仅自己捐，还感召到了上游厂家沁园（世界500强联合利华集团控股）。2月1日沁园联合小白象，向襄阳市中心医院、市医院、中医医院、襄阳医院捐赠价值50余万元的沁园净水器、空气净化器，守护健康，驰援抗疫。

疫情期间，为了安定员工，公司发布了感人公告。

公司承诺：

第一，疫情期间，工资将高于国家规定的标准，每月按时发放。

第二，如果员工感染新冠肺炎，公司将给予3万~5万元健康爱心补贴，员工家属减半发放。

同时，针对当时大家的恐慌心理，杜董对公司近500名员工及其家属进行了六场线上专题心理辅导。杜董以自己多年学习传统文化的心力紧急针对疫情提出“重视不恐慌，正确的思想是良方；疫情时艰难，人心更可善；宅家有质量，根本心坚强；散乱耗心光，读书添能量；爱语加静心，相约共成长”的“战役心法十条”。

杜董与全体员工约定：宅家期间，坚持读书打卡以安心静心，并借此在家行孝道，做孩子榜样，建和谐家庭，搞家庭教育。这个情况在全国都很罕见，很多人在家里苦闷的时候，而他却组织员工进行学习成长。

作为襄阳市心理咨询师协会会长，杜董带领25个疫情心理援助志愿者团队撰写让人心安稳的文章，在各心理咨询师群、企业家群及社会上分享达40场，近万人次听课，很好地达到了稳定人心的效果。

疫情中期：付出不亚于任何人的努力。

第一，开拓经营。

原计划2020年下半年上架的“小白象诚品网络商城”，提前在2月上旬登陆微信公众平台，依托小白象仓储物流部24小时配送发货，在为市民提供便利购物条件的同时，也为宅在家无法工作的员工们创收。整个疫情期间，小白象诚品网络商城实现销售额近100万元，送货上门近500单，发展合伙人近800位，填补了部分线下销售的空白，从而建立起人们对新零售的信心。

第二，成立“小白象健康清洗项目部”。

为了给万千家庭一个健康洁净的环境，也为扩大公司的服务链条，公司开始酝酿并召开专题会议，随后多方联系广东等地的清洗专业团队，于2020年2月1日正月初八正式成立“小白象健康清洗项目部”。原计划复工前完成300单，经过多次线上会议讨论，明确利益大众目的和意义，最终将目标定为500单，并在复工前顺利完成。

第三，召开“发展爱心健康清洗百日会战”动员会。

复工后，公司召开动员会，做出“不满意，就退款”的承诺，并提供“增值服务”。在清洗的同时，还为顾客清理插座、拉手板等。董事长率先垂范，亲自参与入户清洗三次，并要求企业全体业管人员、办公区职能人员必须入户参与上门的清洗服务。

复工后，付出不亚于任何人的努力。

第一，公司承诺：“无论是高层管理还是基层一线，绝不放弃、辞退每一名员工。”为努力提高心性、拓展经营，也为践行稻盛和夫先生所言，在工作量不饱和的情况下，维持员工的高工作效率，积极开展4轮高标准“扫除道”，这点很像稻盛和夫先生的做法。

第二，将小白象“诚信、利他、感恩”的企业文化与“互联网线上营销”为核心的“新零售”模式相融合，引导员工在“经济萧条时找方法、谋出路”，并相继开展多渠道、多品类、多场次便民服务营销活动，拉动社会经济复苏，增加员工收入。

复工后，感恩和利他。

第一，2020年4月起，杜董受邀到襄阳市盛和塾，为塾生企业分享“扫除道”、新零售等相关经验，帮助本地中小企业稳定情绪，寻找复工出路。他不仅想着自己，还想着盛和塾的塾生们，帮大家一起渡难关。

第二，关注经销商经营状况。董事长、总经理带队走访了解情况，当场作出承诺，只要有因服务不满意、政策不兑现、岗位不作为等情况出现的投诉，相关责任人均按500元/次进行捐款。作为学习并践行传统文化八年、稻盛哲学五年的小白象人，坚定“以利他来提高服务质量，利益经销商伙伴”的信念。

第三，新扩展的格力项目部，通过全员的努力，2020年4月实现同期50%的增长，公司整体也达成了同期90%的销售。

最后企业总结：感恩此次疫情，让我们真实地看到了，只要付出不亚于任何人的努力，危机也可变为转机，让我们深刻地体会到以《京瓷哲学》《阿米巴经营》为核心的稻盛哲学在生活、工作、企业经营等方面的指导价值。更让我们坚信诚敬、利他、感恩、奉献社会的使命和价值观，一定会让小白象在新零售业态下，实现飞跃发展。

这就是小白象在疫情期间“六把利剑”的应用，感恩、利他和付出不亚于任何人的努力。

稻盛和夫先生说过：“不论是京瓷，还是KDDI的经营，或者是日航的重建，开始全是不利的条件，重重困难摆在我的眼前。但是，困难越大，越能激发我从正面与困难对峙的勇气，抱着强烈而纯粹的愿望，相信未来一定成功。不断地钻研创新、认真努力，而且时刻‘鼓起坚强的意志’，激发‘燃烧的斗魂’，这样就能够克服任何困难。”

相信如果娴熟地运用稻盛和夫先生的思想和中国文化，面对困难迎难而上，时刻鼓起坚强的意志，激发燃烧的斗魂，就能够克服任何困难。

第四章 商业文明与人类命运

稻盛和夫先生说过："我们有必要在未来构建一个立足于新伦理观的经济社会。"先生的这个思想，集中体现在如下两本书中：一本是关于"环境"的《如何构筑新的地球文明——稻盛和夫的关怀》，另一本书是关于"伦理"的《与万物共生——低碳社会的发展观》。这两本书形成了先生对人类关怀的一个系统大思想。

先生的著作等身，"关于人类行为与地球文明问题"是非常值得去深入学习和研究的。实际经营中最大的困境就是"人类的命运"。

接下来我们从三点进行思考："人类命运共同体""疫情下的反思"和"工商业的历史使命"。

人类命运共同体

如何在有限的地球资源下保持人类文明的繁荣——这是21世纪人类必然面临的问题。若想度过这场21世纪“地球环境与人类文明”之危机，就有必要重新审视我们的价值观。

——稻盛和夫

通过这次疫情，人类已经进入了命运共同体的时代。大家已经清晰地感受到彼此之间唇齿相依的关系，从全国帮武汉到中国帮外国，再到中国与外国的互相帮助，我们看到了很多可歌可泣的事迹。

仔细思考：当时的我们只是为了救助武汉吗？难道不是为了救助自己吗？如果当时武汉的疫情暴发扩散，那么全国也会陷入混乱。武汉和湖北是命运共同体，湖北和全国是命运共同体，中国和整个世界也是命运共同体。因此，当我们国家度过了疫情的危险期后，立刻派出医疗队伍，并采取视频的方式，向全世界介绍我们已经采用过、实践过的抗击疫情的方法。我们国家都是基于“人类命运共同体”这一理念而行动的。就像“雪崩时，没有一片雪花可以幸免”一样，当整个人类命运面临困境时，所有人都会受苦遭难，这是必然的。

习近平总书记说：“各国唯有本着命运与共的情怀，团结协作，才能破解世纪性难题和挑战，朝着构建人类命运共同体的目标向前迈进。”

在问题面前，唯有命运与共、同舟共济，才能获得真正的胜利。所以，人类命运共同体不仅是一种思想，也是人类解决共同问题的真正方案。

在人类命运共同体面前，我们作为企业家，要恪守什么原则?人类命运共同体告诉我们：任何个体都不可以“以私害公”。这将成为今后我们做事的一大原则。任何个体，无论是个人还是企业，包括主权国家、国际组织，都不可以“以私害公”。因为地球是大家的，天空是大家的，水资源是大家的，耕地是大家的，大气也是大家的……

如果只是一味地追求个体的享受和收益而忘记了整体利益，因个人的私利而使整个社会蒙受损失，我们将很难立足于世，地球不会欢迎以私害公的公民。著名作家莫言说过：“我们要用我们的作品告诉人们，尤其是那些用不正当手段获得财富和权势的富贵者们，他们是罪人，神灵是不会保佑他们的。我们要用我们的作品告诉那些虚伪的政治家们，所谓的国家利益并不是至高无上的，真正至高无上的是人类的长远利益。”

“人类的长远利益”不是哪一国的，“某国利益至上”这句话是不成立的。如果某国的利益至上，那么其他国家难道就应该遭

受苦难和贫穷吗？稻盛和夫先生在书中有这样一段话："在人类文明发展衰亡的过程中，靠掠夺占有自然，短时期内得以繁荣的文明，其消亡的程度也尤为激烈。就是那些靠掠夺而获得自身利益的这种文明体系，最后都很快消亡了，无论国家还是一个种族。"

现在要更加强化这种人类命运共同体的意识——大家都在一条船上，不可以因为个人好恶做出损害集体利益的事情——要去推行这种原则。今后的商业，在考虑企业利益的同时，更要放眼人类的命运，要思考企业发展所追求的目标与人类命运是否一致。企业运营不应该高举着追求本位利益的大旗而肆无忌惮，忘记了作为地球公民的基本责任。我们眼中不能只有金钱、财务报表，更应该关注"人类命运共同体"这条承载着一切的大船。

西方流传过这样一个故事——"在天堂门口，上帝的三个问题"：

（1）上帝不问你的企业有多大，他会问你：整个过程中干了多少伤天害理的事？

（2）上帝不问你的企业有多强，他会问你：一路上是否善待了客户、员工和伙伴？

（3）上帝不问你的企业有多久，他会问你：一共消耗了多少石油、天然气、煤炭、淡水、新鲜空气等人类赖以生存的资源？

上帝说你的企业多大、多强、多久和我没有关系，可是你对人类是伤害还是保护和我有很大的关系。要基于人类命运而重新思考企业的未来。稻盛和夫先生提醒我们："如何在有限的地球资源下保持人类文明的繁荣——这是 21 世纪人类必然面临的问题。若想度过这场21 世纪'地球环境与人类文明'之危机，就有必要重新审视我们的价值观。”先生作为一个企业家，站出来大声呼吁“重新审视我们的价值观”。

这是我们作为企业人要开始思考的，也是今后我们要一直思考的课题——人类命运共同体。

疫情下的反思

只要秉持与宇宙意志相同的思维方式和生活方式，工作就一定会顺畅，人生就一定能幸福。

——稻盛和夫

相信很多朋友经过了疫情中焦虑、恐惧、迷茫的折磨之后，都有反思。反思疫情到底在提醒我们什么？到底要告诉我们什么？这里有一个短片文案《病毒提醒我们》，分享给各位朋友。

我坚信，发生的每一件事背后，都有一个精神层面的目的，无论我们认为是好还是坏。新冠病毒究竟对我们做了些什么？

病毒告诉我们，每一个人都是平等的，无论我们的文化、宗教、职业、经济状况或是身份地位如何，在病毒眼中，我们都是平等的。

病毒告诉我们，我们的命运都是联系在一起的，影响一个人的事情，同时也会影响另一个人。

病毒告诉我们，我们建立的虚假国境线毫无价值，因为病毒并不需要护照。

病毒告诉我们，健康多么珍贵，而我们却忽视健康，吃垃圾食品，喝被各种化学品污染的水，如果我们不学会照顾自己，健康就会离我们而去。

病毒告诉我们，人生苦短，什么是我们应该做的最重要的事情？人生在世的目的，不是一份高收入的工作，不是买房子，不是要挣多少钱。因为当最终的时刻来临，你再也不会想到你的工作、你的房子、你的前途，这些都会变得无关紧要。

病毒告诉我们，我们的社会已经变得物质至上。当我们遇到困难时，我们才想起我们的基本需求是食物、饮水和药品，我们需要的是家人的陪伴，是关爱，而不是那些没有真正价值的奢侈品。

病毒告诉我们，面对灾难，我们是多么容易陷入恐慌；面对未知，我们多么容易迷失自己。我们关注物质财富的增长，多过关注自己精神和灵气的成长。关注生命以外的东西，多过关注我们生命本身。

病毒告诉我们，不要把自己的生命局限在工作和事业上，我们固然需要工作，然而我们存在于世的目的，并不只是工作，生命应该有更高的价值和追求。生命的广阔，在于不断提升自己，在于创造和分享，在于互相照顾、互助互利。

病毒告诉我们，家人是何等重要，但我们却最容易忽视这一点。工作的忙碌，让我们看不到家人的需要，病毒却强迫我们回到家中，它让我们意识到，我们能与父母家人在一起的时间，可能并没有想象中的那么长。

病毒告诉我们，虽然我们暂时地经历了一些痛苦、疾病、不自由、恐惧、匮乏，但世界上还有很多人终其一生都在经受痛苦，却得不到关爱。

病毒告诉我们，自由掌握在我们自己手中。我们可以选择合作互助、分享、付出、互相支持，或者我们也可以选择自私、囤积和只顾自己。只有在困难的时候才能看出一个人的真面目。

病毒告诉我们，人类不能妄自尊大，它提醒我们，无论我们觉得自己多么伟大，一个小小的病毒就能让整个世界停摆。

病毒告诉我们，我们的地球病了。我们必须看到森林消失的速度、物种消失的速度，也必须看到我们对地球的破坏和索取正在给自己带来灾难。我们依赖地球，多过地球依赖我们。我们都病了，因为我们的心病了。

病毒告诉我们，互相关爱是如此重要。病毒强迫我们正视自己之前的冷漠——对他人的漠不关心、对环境的漠不关心。病毒让我们意识到，没有一个人能离开他人而独自生存。我们都不可避免地以某种方式被联系在一起，我们每一个人、每一个生命乃至全世界。

病毒告诉我们，疫情既是结束也是开始。我们现在可以反省和理解，从错误里吸取教训。疫情也可以是一个重蹈覆辙的开始，而且还会继续下去，直到我们吸取教训为止。

许多人认为新冠病毒的疫情是一场灾难，但我觉得这是一次“伟大的纠错”。

病毒在告诉我们，在向我们传递种种我们需要思考的道理。这些道理，过去本来就存在，只是在匆忙的脚步中，我们渐渐地疏远了、遗忘了它们。中国的思想家老子曾经说过：“祸兮，福之所倚；福兮，祸之所伏。”

疫情又给我们带来哪些改变呢?

第一，疫情使我们的消费慢慢回归理性。

如果我们能够在疫情中有过深度的思考，那么这种天灾人祸就会转成未来我们的幸福。如果我们在所有经历的幸福中，不能对未来有所预判和准备，那么明天又是新灾难的开始。不管是因为被动还是主动，我们都发现，疫情已经悄悄地给我们带来了很多改变。

比如疫情使我们的消费慢慢回归了理性。我们开始思考，哪些该买，哪些不该买；哪些需要，哪些不需要；哪些重要，哪些不重要。人类到底需要多少东西？什么才是我们真正的生活方式？

正如莫言先生在《哪些人是有罪的》演讲中说："我们要用我们的作品告诉那些有一千条裙子、一万双鞋子的女人们，她们是有罪的；我们要用我们的作品告诉有十几辆豪华轿车的男人们，他们是有罪的；我们要告诉那些置买了私人飞机、私人游艇的人，他们是有罪的。尽管在这个世界上有了钱就可以为所欲为，但他们的为所欲为是对人类的犯罪，即便他们的钱是用合法的手段挣来的。"资源是共享的，人类要共同保护它，我们真的需要这么多吗？

在《明心宝鉴》中有这样一首诗："心安茅屋稳，性定菜根香。世事静方见，人情淡始长。"如果我们内心是平静的，哪怕嚼一嚼菜根，也都是很香甜的一顿饭，也正如古人所说——"饱食当肉，安步当车"。即使我们很有本事，挣了很多很多的钱，可是这种奢侈的生活模式，都是对的吗？这次疫情带来的改变，值得我们去思考。

第二，疫情使过度的资源消耗被暂停。

想想过去我们的生活，密密麻麻的车流，许多城市都车满为患，许多城市的天空已经看不清了，穹顶之下乌云密布。那不是乌云，是城市排放的废气，而这种过度的资源消耗，因为疫情被暂停。我们的天空好像有了短暂的湛蓝，空气好像也变得更加清新了，大街上的车辆减少了很多，也更加通畅了。我们觉得没有车有些不方便，可是再想一想，我们真的需要那么多车吗？一辆公交车可以坐三四十人，要是三四十人的交通工具都变成轿车的话，得排多长的队呀！我们真的需要消耗这么多资源吗？疫情带来的暂停，看似偶然，难道就没有必然？

这是一种提醒，是宇宙、地球向人类发出的警告。

第三，疫情使我们回归家庭、享受人伦。

我们很多年没有这样的机会，一家人在一起，三口之家、五口之家、八口之家，其乐融融，一起做饭、聊天、下棋、谈人生、忆往事。可是过去我们把时间用在哪里了呢？酒吧、餐厅、KTV、谈不完的业务……仿佛那就是我们人生的归宿。

想一想，谁能陪伴我们一生？谁是我们真正的亲人？我们谈的很多业务，真的必须要在餐桌上解决吗？这能带给我们多少新的业务增量？是真的工作需要还是借口？未来我们应该倡导什么样的商业模式？白天我们在一起谈工作，中午吃个工作餐就已经很好。下班后，应该倡导回家吃饭、陪伴老人、陪伴孩子。这才是我们应该享有的生活！

当一家人坐在餐桌前，父母是何等的欢欣！孩子也希望我们来陪伴他们。仔细想一想，我们真的有那么忙吗？真的忙到无法回家的地步吗？我们所忙的事业对社会到底有多大益处？难道挤不出一点儿时间吗？当我们居家办公时，发现效率其实并没有降下来，一切业务还在正常开展。

一家人在一起做一顿饭，每人做一道拿手菜时，那种幸福感，绝不是在外吃饭能够比拟的。我们开始学厨艺，上网研究怎么做出来一道菜，这种生活多好，这是天伦之乐、人伦之福。

第四，疫情使我们终于能够坐下来安静地思考。

回头看看，发现我们已经好久没有读书了，要么在工作，要么在追剧，到底看了什么都不记得。很多时间花费在手机上，花费在一些刺激眼球的新闻中，但这里面有多少内容能够启发我们？

北宋儒家理学思想的开山鼻祖、文学家周敦颐写过一首诗《暮春即事》：“双双瓦雀行书案，点点杨花入砚池。闲坐小窗读周易，不知春去几多时。”多美的境界！拿一本《周易》坐在小窗前读起来，不知不觉到了春天，花儿已经开了。这种日子想想都令人向往。

现在很多企业经受不住考验，经营不了几年，一击就垮。“非宁静无以致远，非淡泊无以明志”，我们预测不到未来，是因为没有真正静下来，而疫情却给了我们静下来的时间。

虽然疫情给我带来了很多困扰，但也正是疫情期间，我写完了之前非常想写的两本书《使命与发心》和《教育远望》。如果没有疫情，这两本书不知道还要拖多少年。这是安静下来才能做的事情，如果没有出现疫情是根本做不了的。

我们每天看似很忙，其实很多话没有必要说，很多人没有必要见，很多视频也都没有必要看。人生就这么匆匆忙忙地过去了，多可惜呀！疫情给我们带来很多改变，这种改变不是无缘无故的，是上天给我们的机会和提醒。

疫情终会过去，我们还要遵循过去生活的轨迹吗？过去的生活都是正确的吗？要思考这个问题。重复同样的生存模式只会遭遇同样的结果，2003 年的“非典”也好，2020 年的“新冠”也罢，都不是无缘无故出现的，一定有其原因。

《止学》中讲：“天灾示警，逆之必亡，人祸告诫，省之固益。”老天降临这样的灾难，都不是没有原因的，是向人类示警。如果人类没有省思，就会“逆之必亡，人祸告诫”。人闯下大祸，会被告诫。然后，人才能够去反思，从中受益。每一场灾难都会提醒我们很多事情，都是让我们反思。如果我们错过了这种反思，那么很有可能重蹈覆辙。

很多人想，等灾难过去以后，我要去补偿一下自己，把这几个月没有消费到的重新补回来。这是不是错上加错？人类是不是一个不知悔改的族群？我们必须要去思考。

“矫枉须过正”，2020 年，或许就是一次人类生活模式的矫枉。

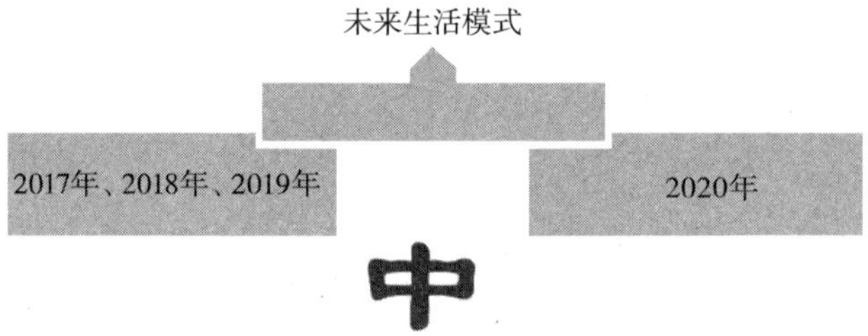

人类需要过一种更加中道的生活。何谓“中道”？我们从 2017 年、2018 年、2019 年的模式中走过来，那个模式中或许有很多纰漏。可是 2020 年这种模式我们也是难以忍受的，尽管在这中间我们有感受到一些幸福。但要折中一下，我们不可能永远能承受住 2020 年，也不应该简单地复制 2019 年。

未来的生活模式应该是两种模式的折中，就是我们中国人所倡导的“中道”生活。这种中道生活到底是什么样子的，需要我们所有人共同来参悟、思考、探索，并做出改变。这种“中道”能够陪伴我们走向未来。要珍惜每一次灾难带给我们的深刻反思和道理。

工商业的历史使命

企业家要在企业内部确立正确的“思维方式”，确立正确的哲学，并不懈努力与员工共同拥有这种“思维方式”和哲学。这样的话，企业就一定能发展，一定能保持长期的繁荣。

——稻盛和夫

在这样一个大时代、大变局中，工商业要担负什么使命？人类的命运已经和现代商业牢牢地捆绑在一起了。商业引导着消费，商业引导着文化。比如说，我们过去不会使用手机，现在会了；不会使用微信，现在会了；不会使用网络直播，现在会了。过去很多词语我们闻所未闻，有了商业的种种手段，让我们了解了很多新商业名词。我们开始走进自媒体、公众号，我们开始看电影、读书……这些都是商业所创造出来的。所以商业为人类提供了物质产品，产生了消费；为人类提供了精神产品，产生了文化。

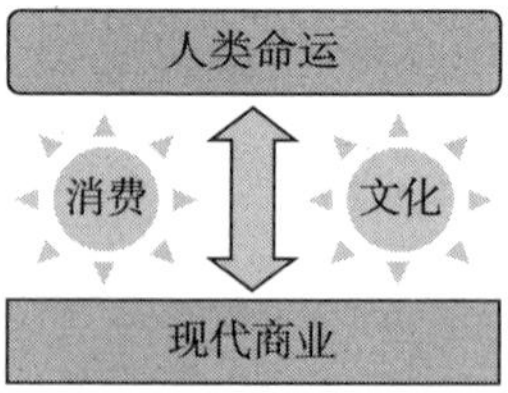

稻盛和夫先生在《如何构筑新的地球文明》中说：“‘因为消费，所以生产’。现代商业不知何时却逆转为‘因为生产，所以消

费’。现代文明的‘大量生产’‘大量消费’‘大量废弃’便是其必然结果。经济体系也演变成了先大量生产，然后通过宣传大量销售的模式。”稻盛和夫先生对这种模式非常忧虑。

人类本来的生活是因为需要，所以生产。而现在变成因为生产，所以消费。东西已经做好了，然后想尽各种办法卖出去，把东西卖出去赚了利润，就是赢家——现在是这样一种思维。所以，不停地大量生产商品，并想尽各种方法促销，消费不掉就废弃掉，甚至主动促进产品的更新迭代，以保证大家能不停地去弃旧换新，不追求长期利益，只追求短期利益。这是我们人类原始工商业的样子吗？这样做只会把人类带向消耗而非使用的怪圈，令人类厄运难逃。

工商业在这个时代肩负的重要历史使命是什么？

第一，工商业应该率先站出来保护自然，而非破坏自然。

《如何构筑新的地球文明》中说：“文明带给人类的便是欲望的无限扩大，而所有的压力都集中在森林上。因为大家都开始意识到了钢铁的便利，而随着钢铁制造的增加，炼铁所必需使用的木炭需求量也急剧增加，树木被大量砍伐。在气候干燥、降雨主要集中在冬季的地中海气候带，由于林木的再生能力低，森林便逐渐从这些地区消失了。”我们身边的很多物品都由钢材组建而成。而钢材的制造除了需要来自地下的矿产外，还需要地上的森林。因为在炼制钢铁时需要大量的木炭，所以森林砍伐得非常快。在20世纪大炼钢铁的时候，大量的木炭就这样被消耗掉了，很多森林短期内难以再生。据统计，近百年来所砍伐的森林，超过了人类几千年的砍伐总量。我们真的需要这么多钢材吗？钢材不可以循环利用吗？难道无休止地挖矿、无休止地砍伐就是正确的模式吗？

书中说道：“到20世纪80年代，以石油为原料的塑料制品在原材料的体积比上已经超过了钢铁。过度的消费产生了大量的二氧化碳和有害的污染物质，使得当今的世界笼罩在地球温暖化和大气污染的恐怖之中。”钢材之后就是石油，石油超过了钢铁成为人类的必需品。由于过度消耗石油，人类开始大量地排放二氧化碳，有害的污染物笼罩着整个地球。全球暖化的环境危机日趋严重，无数动植物在悄无声息地灭绝，南北极的冰川都在快速地融化，土地沙漠化，塑料污染从陆地到海洋随处可见，还有森林大火、持续干旱、火山喷发、大型蝗灾……

从SARS、埃博拉病毒、禽流感H7N9、艾滋病，到当前肆虐全球的新冠肺炎病毒，我们只是看到了灾难，却没有想过谁是幕后推手。今天，当我们高唱着“资本市场，利润为王”的凯歌时，是否想过整个人类的命运？不关心人类命运，只关注商业利益，这样的商业思维应该继续吗？应该被推崇吗？合乎天理人心吗？商业要做人类的罪人还是伟人？未来有一天人类在反思这一切天灾人祸时，会不会说我们终于毁于商业！

人类活动的庞大，已经远远超过了地球的承受能力。所以稻盛和夫先生专门为此而写书，他深感忧虑，担心人类会在百年以内消亡。如果生产方式不改变，那么已经存在了几十亿年的地球，可能走不了多远了。

很多时候大众没有能力看得那么远，大众在享受消费带来的愉悦时，不会想到可用的森林、石油、空气、水正在被过度地消耗和污染。人类经不住欲望的种种诱惑，而商业不经意间便成为这种种诱惑的载体。我们作为商业的主体，应该去保护自然还是破坏自然？当我们为得到一时利益而去破坏大自然时，为了局部牺牲整体时，就会明白“覆巢之下，安有完卵”的道理。新冠肺炎病毒既是提示，也是警示，更是反馈！

《大学》说：“货悖而入者，亦悖而出。”货就是财产，这个财产如果是通过有悖于天理的方式获得的，将来也一定会莫名其妙地失去。回看过往，这种案例已经发生了很多。不少企业因获得财富的方法不正确，今天已经倒闭了，甚至负责人遭受牢狱之灾等。《论语》中说：“富与贵，是人之所欲也，不以其道得之，不处也。”我们希望富裕，希望被人尊敬，这是每个人的愿望，可是如果这个富贵不以其道得之，最终将不能与我们长久相伴相处。“德不配位，必有灾殃”，若违背自然规律去行事，不但富贵不能长久，更兼有祸事临身。所以，对于这种非道而得富贵的方法，每个人都应进行反思。

《易经》说：“积善之家，必有余庆；积不善之家，必有余殃。”这个善已经不只是生活中的小善了，还有关乎人类命运的大善。当我们去伤害自然时，这是善还是不善？如果做了很多不善的事，家族的未来会怎么样？难道不害怕会有余殃吗？这里不是恐吓，而是为了保持我们的理性思考。与其拿钱去做慈善，不如先让企业行正道，做人类环境的卫士。相信只要我们有真正的商业思维和能力，很多行业都是可以赚钱的。所以，君子一定要有所为，有所不为。

第二，工商业要引领消费而非刺激欲望。

工商业不能为了赚钱去刺激欲望。稻盛和夫先生在书中说："如何克服人类文明走向崩溃？最大的障碍就是欲望。"阻止人类文明走向崩溃，遇到的最大障碍就是欲望。他又叮嘱说："如果人类想要一鼓作气地解决地球环境问题，就要在处理自己与自然的关系时，控制住自己的欲望，回归到自己的本心。"

人类如果想控制欲望，首先我们的工商业要站出来。现在工商业有很多流行观点是值得商榷的，比如说，商业就是要满足欲望，刺激欲望就有市场，创业从满足欲望开始，欲望就是商机……这些观点中的很多，书中都有提到，让人很痛心。

在20世纪的美国，一段时间内，一些生产避孕工具的厂家，为了把他们的产品销量放大，鼓吹性自由、性开放，这样的产品是自由开放安全的保障。在这种风气的诱惑下，性病在当时的美国青少年群体中大肆泛滥，梅毒的得病率快要达到青少年总人数的1/4，包括艾滋病、霉菌感染等，很多都难以治愈。这是拿下一代人的身体健康、婚姻、家庭作为代价，来赚取一点点利润。美国一些爱心人士为此非常痛心，发出呐喊，要保护青少年，要"捍卫幼小的贞操"。而这种风气传到中国，使得我们的很多青少年体质变差，成年人离婚率暴增。这也是商业的一个组成部分，我们是否为这种商业感到悲哀和可耻？难道我们还认为这种商业是理所当然的吗？

稻盛和夫先生说："企业人必须以任何人看来都是正确的、光明正大的方法去追求利润，而且最终目的就是贡献于社会福利。"有良知的企业家都懂得这一点，都明白挣钱要光明正大，目的是贡献社会，而不是以危害社会获得利润。

方太集团的董事长茅忠群说：“优秀的企业刺激欲望，伟大的企业导人向善。”他说：“我的企业格言是‘因爱而伟大’，我要做一家导人向善的企业，这是我们企业要严格恪守奉行的。我们绝不以刺激欲望作为我们整个企业的运营理念。”

稻盛和夫先生一直叮嘱我们说要“敬天爱人”。敬天，即敬畏天理、天道。爱人，即爱护百姓、爱护子民。敬天爱人不仅是一种美德，也是一种商业道德，是企业人应该恪守的伦理，不能再走20世纪美国走过的那条错误道路，这种以刺激欲望为特征的商业模式最终一定会导致两败俱伤。当你刺激欲望时，顾客可能暂时获得了一些“幸福”的感受，但是这种感受之后是永远的痛苦。当有一天顾客明白时，他就会和这家企业决裂，甚至仇恨这家企业，那么这家企业到最后肯定就走不动了。

中国人常说“以道相交，地久天长”。以利相交，能走多远？古人说：“得乎欲而喜，悲可立俟。”这句话是说，靠欲望而获得喜悦，那么悲伤的事情离我们就不远了。这句话的上句是“得乎道而喜，其喜曷已”，是说因为道而获得的喜悦，怎么可能停止呢？做企业不仅要追求利润，还要思考我们对人类的责任。

第三，建议发展文化产业。

人类生于天地之间，从远古至今，所向往的就是幸福，这是人类一直没有改变的模式。

关于这种模式，稻盛和夫先生在《干法》这部书中有记载。书中说：“原始的人类采摘树上的果实，捉鱼捕兽，依靠采撷狩猎的生活方式与大自然共生。此后大概在一万年之前，人类开始拥有了自己的生产手段，借此种植谷物、饲养家畜，以供使用，由此进入农耕畜牧的时代。在采撷狩猎的时代，人类仅靠自身的意志无法生存，但依靠农耕畜牧，人类开始摆脱自然的束缚，可以按照自己意志生活下去。”

在距今约250年前，英国发起了所谓产业革命，蒸汽机的发明让人类掌握了新的力量。从那时开始，发明创造接二连三，科技进步日新月异，令人眼花缭乱，这才构筑了如此壮观富裕的现代文明社会，而这一切只用了短短250年的时间。

一直以来，我们人类迈向幸福的脚步从来没有停止。可是幸福到底是什么？难道只是物质生活的无限发展吗？只要无限发展物质生活，人类就一定幸福吗？改革开放这40多年我们变得有钱了，生活富裕了，吃饱穿暖了，但对于很多家庭来说真的更加幸福了吗？稻盛和夫先生在他的著作《与万物共生》中提醒大家：“如果人类只是追求物质与金钱，不能回归发心去细心察知那些美好的事物，不能感动于生命的光辉，就不可能解决地球环境问题。”

简单地说，如果我们只是追求物质与金钱，不肯回归初发心，不仅不能解决地球环境问题，也不能解决幸福的问题。很多朋友问：“为什么我们不幸福？为什么变得这么痛苦？”原因是我们在文化上遇到了困境，我们要找出路。

习近平总书记讲道：“当今世界，人类文明无论在物质还是精神方面都取得了巨大进步，特别是物质的极大丰富是古代世界完全不能想象的。同时，当代人类也面临着许多突出的难题。比如，贫富差距继续扩大，物欲追求奢华无度，个人主义恶性膨胀，社会诚信不断消减，伦理道德每况愈下，人与自然关系日趋紧张，等等。”这些问题，很多有识之士都已经看到了，怎么化解呢？习近平总书记继续讲道：“要解决这些难题，不仅需要运用人类今天发现和发展的智慧和力量，而且需要运用人类历史上积累和储存的智慧和力量，就是文化。”这段话是习近平总书记在参加“纪念孔子诞辰2565周年国际学术研讨会”时讲的。习近平总书记继续说道：“世界上一些有识之士认为，包括儒家思想在内的中华优秀传统文化中，蕴藏着解决当代人类面临的难题的重要启示。”文化中蕴藏着解决当代人类所面临难题的重要启示，包括以儒家文化为代表的中华优秀传统文化。有了文化以后，我们就找到答案了，所以我们要大力发展文化产业。

文化产业能够迅速提高人民的思想道德水平。人们的思想会通过读一本好书、看一部好电影、参加一个好活动发生变化。文化产业推动人类整体思想道德水平的提升，这样人类社会就开始逐步走向和谐幸福、诚信团结。

大力发展文化产业可以化解过度消费带来的欲望增长。人类很容易在欲望这条路上狂奔，怎么也停不下来，用法律手段也控制不住。怎么办？要去化解与引导。我们看到很多国家采用很严格的法律措施去制裁犯罪、制裁贪腐，结果并没有从根本上解决问题。而在中国古代却出现过很多“路不拾遗，夜不闭户”的时期。怎么做到的呢？文化。解决欲望的问题不能只靠法律，更要靠“文化产业”。当文化发展以后，人们的欲望就慢慢减少了。“以文化人，以文化育”，当人们发现欲望是无聊的、无止境的、错误的，看到欲望的后面不是幸福时，也就能放下欲望了。而今天的现实是不仅看不透欲望、放不下欲望，还屡屡刺激欲望。

大力发展文化产业可以引导大众回归正确的幸福模式。文化告诉我们什么是真正的幸福。中国文化关于幸福有很多精辟的描述，比如“三生”——生存、生活、生命。生存，即衣、食、住、行，我们的物质生活，是目前忙碌的商业中主流的部分。生活，即人伦、家族、情谊、情趣等。生命，是梦想、追求、爱等。人们会在爱中感到幸福，在问道悟道中感到幸福，在梦想中感到幸福，在奋斗中感到幸福。当人类有了“三生”以后，幸福就出现了。

中国古人还提出了一种幸福模式叫“五伦十义”。“五伦”指的是父子、夫妇、兄弟、君臣、朋友，即“父子有亲”“夫妇有别”“长幼有序”“君臣有义”“朋友有信”这五种人伦关系和言行准则。“十义”即父慈、子孝、兄友、弟恭、夫义、妇听、长惠、幼顺、君仁、臣忠。“八德”，即孝、悌、忠、信、礼、义、廉、耻。这些都是幸福的模式。大家可以看一看，如果你有“五伦八德”，你一定幸福。若缺一两项你肯定不幸福：夫妻关系不好，你能幸福吗？儿女不成才，你能幸福吗？兄弟不团结，你能幸福吗？朋友交往没有诚信，你能幸福吗？跟国家之间对立，不爱自己祖国，给国家添了很多麻烦，你会幸福吗？

文化是一种幸福模式。大家学文化，会发现文化对一个人的幸福有好多的论述和实践方法。很多学习了文化的朋友都感受到了从未有过的幸福。这是促进文化产业发展的意义。

同时，文化产业可以增长人类与地球共生共存的智慧。人类为什么不知道如何同地球共生共存？很多有识之士一直在大声疾呼，不能再制造白色污染了，冰川要融化了，动植物要绝迹了，为什么呼喊了这么多年都没有效果？

上海世博会有一个展览馆正在讲解地球资源的枯竭，参展的人听得很认真，也都表示认同。但很快我们就发现，一些刚从馆内走出来的游客又把饮料瓶扔在了地上，仿佛已经忘了刚刚从什么地方走出来，听到过什么。不到20分钟，人们就忘了自己将要面临的灾难。从而可以看出：人类缺少文化，就没有与地球共生共存的智慧。

人类为什么能拥有今天的幸福生活，是因为我们祖先的“仁”与“知”。今天我们看到的《论语》《道德经》等，都是祖先为了子孙的幸福，想在未来留下一个干净的地球，而留下的智慧宝典。现在的我们作为后代的祖先，有没有考虑过他们的幸福？百年之后，我们的子孙想起我们时是感恩还是怨恨？扪心自问：我们是一个什么样的祖先——是智慧的还是愚昧的？

今天我们对自然的破坏，对环境的无度污染，究其根源，是智慧不足造成的。首先是没有智慧，然后才是没有道德，有智慧的人一般都有道德。所以要发展文化产业来提升这种智慧。尤其是疫情之后，我们更需要进行反思，反思我们在文化方面的缺失。

现代的人类没有走出“惑、业、苦”的错误模式。惑是迷惑、困惑，不知道什么该做什么不该做，做了很多不该做的事情，破坏了自然、生态、人际、家庭以及身体等，继而遭受苦难，天灾人祸。我们看到的是苦，却没有想到苦背后的惑和业。人类迷信科技可以为我们解苦，是因为有时科技确实能帮我们解苦，以至于让我们产生了科技可以解决一切问题的幻觉。我们认为疫苗可以遏制疫情，可是全球几千万人感染新冠肺炎的结果告诉我们，靠疫苗解决问题遥遥无期。当科技不能解决困惑时，人类又将何去何从？如何才能解惑？

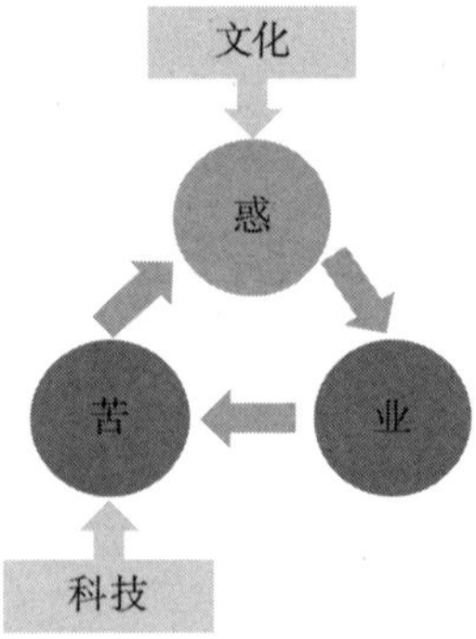

答案是求助于我们祖先“仁”与“知”的智慧，求助于五千年的优秀传统文化，文化能够解惑。文化可以让人类少犯错误，甚至不犯错误，不做那些伤害自己、伤害子孙、伤害自然的事情，不被眼前的利益所迷惑。如果每个人都有稻盛和夫先生的思想高度，人类还会有这么多苦难吗？推动文化产业发展的责任和意义就在于此。文化产业不只是为了赚钱，赚钱只是衍生的一个小小的结果，真正的目的是引领人类改变命运。未来十年我们应该大力发展文化产业。

很多朋友学文化以后，都会发现自己生活模式发生了改变。比如，在中国文化中有一类文化为“俭德”，很多学过文化的人对它都很熟悉。古人说：“家俭则兴，人勤则健，能勤能俭，永不贫贱！子孙作富贵计者，十败其九。静以修身，俭以养德。贤而多财，则损其志；愚而多财，则益其过，可知积财以遗子孙，害无穷也。勿以嗜欲杀身，勿以财货杀子孙。历览前贤国与家，成由勤俭败由奢。”这些都是在讲俭德的好处、奢靡的坏处。古人甚至专门为俭德写了很多文章。如果不推广文化产业，后人怎么会知道如何生活？就很容易犯奢侈的错误，重蹈前人的覆辙。

现代商业背后是和文化相关联的，而其中有一个产业就是文化产业，文化产业不是简单的旅游，不是简单的盖多少房子，也不是简单的制造多少文化产品去消费，而是“以文化人，以文化育”，以文化引导大众走向幸福。这才是文化产业本身的责任和使命。我们应该发展这种有责任和使命的文化产业，无论是电影、电视、书籍还是课程，都要朝这个责任和使命的方向去努力。《易经·系辞上传》中言：“鸣鹤在阴，其子和之，我有好爵，吾与尔靡之。子曰：君子居其室，出其言，善则千里之外应之，况其迩者乎？居其室，出其言，不善千里之外违之，况其迩乎？言出乎身，加乎民；行发乎远；言行君子之枢机，枢机之发，荣辱之主也。言行，君子之所以动天地也，可不慎乎？”明朝来知德在《周易集注》中言：“动天地者言，不特荣在我也。言行感召之和气，足以致天地之祥，不特辱在我也。言行感召之乖气，足以致天地之异，如景公发言善而荧惑退舍，东海孝妇含冤而三年不雨是也。言行一发，有荣有辱，推而极之动天地者亦此，安得不慎。”一部载道的影片可以拯救无数家庭，反之，一部嗜欲的电影同样可以毁掉很多年轻的生命。

第四，企业和工商业应该倡导爱与关怀，倡导社会责任。

稻盛和夫先生说：“现代人渐渐忘却了感谢、仁慈、温和以及推己及人的心。我深切感到这是一个不容忽视的问题，我期待在座的各位能够为人类前进的方向提出具有说服力的解决方案。”稻盛和夫先生也把这个期待留给了企业界，希望企业界能够带头去倡导爱与关怀，希望企业界能做人类文明的榜样，带头去爱满人间。盛和塾很多企业家们在这方面为社会做出了榜样，像前面提到的襄阳盛和塾的小白象，他们不仅在疫情中全力奉献，而且多年以来，一直以实际行动在为襄阳市的文化传播做出贡献，如做论坛、印书籍、授课、培训、传播、座谈讨论等，以一个企业的力量帮助了一座城市。

长春盛和塾的一家企业——华兴粮油，在疫情期间，做“逆行保粮人”，为了保证每个家庭的粮食供应付出了极大的努力。他们担心百姓的粮食得不到保证，提前行动，逆行送粮。他们担心派去武汉的医生、护士的家人没人照顾，就捐献了很多粮油送到这些医生护士的家里。如果中国每一个城市都有几家这样的企业，那么这个城市的文明就发达了。

《人民日报》的采访日记“逆行保粮人”中讲到的许明东就是吉林省华兴粮油食品有限公司的装卸工。

为助力长春粮油供应，公司50多名销售员大年初一全部“上岗”。大年初四，装卸队、运输队等部门也提前上班。安静的长春市大街小巷里，出现了一支“逆行”的粮油供应队伍。上午9点，运输部所有运输车准时出发，一车车粮油被送往300多家零售点。

许明东等人歇了口气，汗渐渐消了，被打湿的棉袄遇冷后变成一块硬板，冰一样的凉风，顺着脊背吹遍全身。“兄弟们，把剩下的堆成垛!”一袋袋面粉在4名装卸工的手下筑成一道道粮食墙!

销售员张影给司机做完消毒后，便开始卸货。这时，运输部司机孙希发说：“你脚不舒服，歇着吧，我自己来。”张影却说：“没事，我这点事儿算啥？人家那么多大夫都去‘前线’支援了，咱没别的能耐，就得干好自己能干的，这时候，哪能休息啊。”其实，张影得了严重的甲沟炎，医生建议他卧床休息。但他还是坚持一瘸一拐地卸货、堆垛。

张影收到一个团购订单，对方抽不出人手接货，她和司机，一人卸货，一人堆垛，硬生生把2吨粮食送达目的地，并给对方堆得整整齐齐。那天，她的指甲劈了，胳膊肿了，浑身疼得一夜没睡。爱人责备她不该这么拼命。张影笑着说："非常时期，不拼不行。"

为什么这么拼？为了保证百姓居家有粮食，有粮食就不慌。不管疫情多么严峻，他们都坚持为百姓送粮到门。华兴董事长聂艳华说："为了让百姓吃上好吃、安全、健康的粮食，为了让员工物心双幸福，我愿意做好这个服务员，把这项事业坚持到底。我也给自己的余生定下目标：让更多的人愿意把吃粮的任务放心地交给我们华兴人，这就是我此生奋斗的方向！"我们要让这样的企业积极发挥文明典范的作用，使更多的企业加入这个行列。

著名的企业家、教育家、慈善家田家炳，在1980年已是香港知名的亿万富翁。后来他将重心转移到了教育慈善事业上，他始终认为兴国之道在于人才，人才培育始于教育。他一直在强调，"中国的希望在教育"。他的财富几乎全部奉献给了教育。迄今为止，田家炳在全国范围内累计捐助了93所大学、166所中学、41所小学、19所专业学校及幼稚园、1700余间乡村学校图书室，全国34个省（区、市）都有田家炳学院或田家炳中学，几乎每一所师范大学都兴建了一所教育书院。几十年坚持捐助教育事业，田家炳被誉为"中国百校之父"。为了教育事业，他"卖屋助学""贷款捐校"，书写了中国教育史上的慈善奇迹。他的生活非常简朴，没有自己的私家车，乘坐地铁、走路上下班，一双鞋穿了十年，袜子补了又补。相当长一段时间内每月生活开支仅 3000 元，他说："看到一幢幢教学大楼的兴建，听到万千学子朗朗悦耳的读书声，不但觉得经济效益更大，精神上也似乎能得到更多安慰。"

1993 年，中国紫金山天文台将编号 2886 的小行星命名为"田家炳星"，以此来表示对他的尊敬和奖励。

一个企业家把自己一生挣的钱全部捐出做教育，生活简朴，他就是人类社会文明的榜样和典范。如果中国乃至世界上能有更多这样的企业家，相信人类一定会过上更加幸福的生活，这是工商业未来的发展方向和使命，也是我们企业人应有的风采。

第五，建立起高端商业文明，提高投资与生产的效率。

中国民营企业的平均寿命到现在还没有超过 4 年，一直在 2.7～3.5年徘徊，这个数据已经持续了20 多年。在正常的年份里，每年濒临破产的企业是 100 万家左右，每天是 2700 多家，每小时就是 144 家，每分钟 2 家。在疫情期间这个数据还要大很多倍。一个企业创办要经过注册、租房、装修等程序，结果不到两三年就破产了，是极大的资源浪费。很多企业现在还是什么赚钱干什么，单纯趋利的低端商业思维目前仍是主流，但这种做法必然会被时代淘汰。

在这种思想支配下，1000 万元的投资可能会产生 300 万元的利润，也可能会产生 1000 万元的亏损。一些上市公司走着走着就消失了。那些自以为了不起的资本运作，根本找不到做事业背后的使命与发心，而把这些有限的资源、宝贵的时间浪费了。

今天的商业思维需要升级，中国人用 40 多年血汗奋斗积累的财富，可以成为我们走向世界的资本，但也可能前功尽弃。赚

1000万元需要1亿元的销售额，很不容易。但亏1000万元很简单，签错了一个字可能就实现了。很多企业辛苦做了20年，错误投资一两个项目，一两年企业就解体了。

错误投资为什么会出现，因为没有高端专业的商业思维。为什么没有高端专业的商业思维，因为没有文化作为引导。

一个做投资产业的朋友给我打电话谈了很多，也做了很多反思，说从前很多东西都“想不到”。过去做投资时没有专业思维，不懂得看使命、发心、战略、价值观、需求、市场……就是什么赚钱投什么，前期计划书做得很好，到了后期全是各种没想到，然后就结束了，很多烂尾项目让人痛心。有投资4亿元的项目，做不动了；也有投资5亿元的项目，也做不动了；一个特色小镇30亿元投资下来，走到一半走不动就停了下来。

如何解决这样的问题？需要去学习，去深入研究投资失败背后的原因，需要思考我们在逐利的同时还应该做些什么。

稻盛和夫先生在他的著作《如何构筑新地球文明》中讲道：“现在文明有诸多特征，其一便是金融暴走问题。人们的欲望都集中于赚钱这一点上，金钱成了唯一的价值，为了达到这一目的可以不择手段。其二便是科学技术高度发达，但是这一高度发展的科学技术并不只是单纯的知识积累，同时又成了赚钱的手段。面对这样一种现状，我们不禁要问，难道就听凭现代文明这样下去吗？”

人们的欲望都集中于赚钱这一目的上，金钱就成了唯一的价值，连科学都被绑架成了赚钱的手段。难道就这样下去吗？先生说不光是富人，穷人也热衷于钻营投机，一心希望赚钱。这种风潮引领着整个社会，最终科学艺术一起成为投机对象，金钱投机等于金钱社会唯一的真理。而稻盛和夫先生一直叮嘱我们要挣额头上流着汗水的钱，不要被这种低端商业思维所迷惑。

如何提高我们投资和生产的效率？如何让每一份投资都能产生真正的利润，为人类造福？我在《使命与发心》一书中这样总结："商业文明引领的是商业人的思维方式、思维高度、思维境界，是对整个商业的深刻洞见。没有这种思维，靠机会和经验，只能维系暂时的繁荣，很难走向未来。"现在我们很多企业家，做事业还是用机会主义、经验主义，缺少对商业真正完整的、系统的学习。

下面我们用一幅图来说明基本的商业思维。

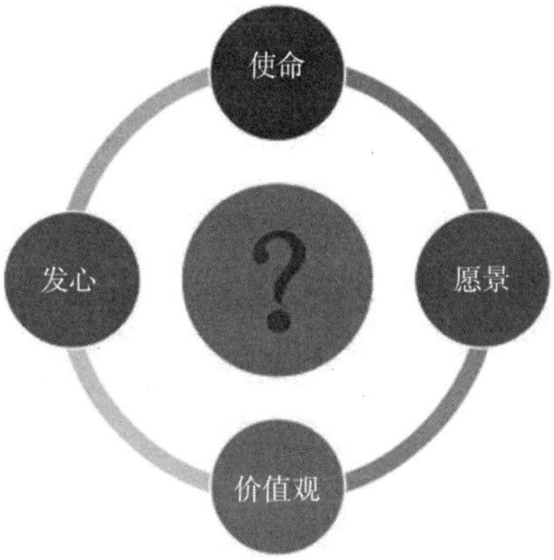

这是企业商业思维的基本构图，需要有发心、有使命、有价值观、有愿景。按上图中的要求，中国有多少家企业能够做到有清晰的使命、坚定的发心、完整的愿景和共同的价值观？这要画一个问号。

如果没有这些，企业用什么抵御风险？如何充分利用资源？很多企业都在反复占用资源，低端使用，效率低下，可能只能获得

4%～5%的利润，做不到高产值。当遇到风险没有任何抵御能力时便倒闭、破产。所以，今天的商业需要建立高端商业思维。

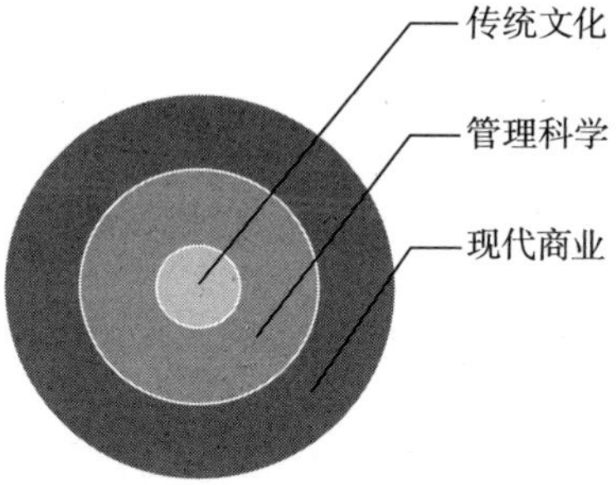

令人欣慰的是，中国目前已经出现了具有高端商业思维的企业，核心是传统文化，运用东西方管理科学及现代商业文明，用这个模式来推进企业发展，每年会有20%～50%的增长率，发展速度非常快。

只可惜应用这种模式的商业管理在中国仍然处于起步阶段，比例甚小。能够学习传统文化、管理科学以及现代商业的企业屈指可数，现在大多数企业依旧陷在资源浪费和效率低下的处境中。

要学会建立起高端商业文明，提高投资效率和生产效率，减少资源浪费，充分利用地区的有限资源。资源要反复循环使用，而不是用很多资源做一个项目，建立商业文明，提高资本的使用效率。

稻盛和夫先生说："企业家要在企业内部确立正确的'思维方式'，确立正确的哲学，并不懈努力与员工共同拥有这种'思维方式'和哲学。这样的话，企业就一定能发展，一定能保持长期的繁荣。"很多人读过这句话，但并不知道稻盛和夫先生指的是什么。如果没有深入学习，就只能看到文字和概念，不知道稻盛和夫先生背后所阐述的情怀、高度、文化、商业文明等理念。《创造高收益》《活法》《干法》，以及《如何构筑新的地球文明》“环境篇”“伦理篇”等，都包含了稻盛和夫先生的格局和心愿，我们可以通过这些书籍去深入了解他的思想。

稻盛和夫先生对整个人类商业是有所担忧和期待的。他曾说：“我们只不过是漂浮在茫茫大海中的一只小船。但是，如果这只小船拉响警笛，定会从四面八方获得众小船的呼应，期待小船们能够汇聚成一股巨大的洪流，帮助人类度过危机。”

稻盛和夫先生很谦卑，无论京瓷还是KDDI，他都将其比作茫茫大海中的一只小船，他率先垂范，当为人类拉响警笛时，一定会有千万家企业来响应他的号召。他希望能有更多的企业站出来，为人类未来而战，为人类幸福而战，把人类文明汇聚成一股巨大的洪流，去帮助人类度过危机。我们能赢得的不仅是利润，还有文明，以及后人的感恩与理解。这样我们才承担了我们的时代责任，完成了我们这一代企业人真正的历史使命。

安全生产培训系列丛书

特种设备安全知识

中国航天科工防御技术研究院
中国航天科工集团有限公司安全生产培训中心 组织编写

应急管理出版社
·北 京·

图书在版编目（CIP）数据

特种设备安全知识 / 中国航天科工防御技术研究院，中国航天科工集团有限公司安全生产培训中心组织编写. 北京 ：应急管理出版社，2025. -- （安全生产培训系列丛书）. -- ISBN 978-7-5237-0893-4

Ⅰ. X931

中国国家版本馆 CIP 数据核字第 2024VB5986 号

特种设备安全知识（安全生产培训系列丛书）

组织编写 中国航天科工防御技术研究院
中国航天科工集团有限公司安全生产培训中心
责任编辑 籍 磊
责任校对 孔青青
封面设计 地大彩印

出版发行 应急管理出版社（北京市朝阳区芍药居 35 号 100029）
电　　话 010－84657898（总编室） 010－84657880（读者服务部）
网　　址 www. cciph. com. cn
印　　刷 天津嘉恒印务有限公司
经　　销 全国新华书店

开　　本 710mm × 1000mm $^{1}/_{16}$ **印张** 14 **字数** 255 千字
版　　次 2025 年 4 月第 1 版 2025 年 4 月第 1 次印刷
社内编号 20240595 **定价** 56. 00 元
